Os Seis Livros da
REPÚBLICA

Livro Terceiro

Coleção Fundamentos do Direito

JEAN BODIN

TÍTULO ORIGINAL*

LES SIX LIVRES DE LA

RÉPUBLIQUE

---

* Tradução de *Les six livres de la République*, de Jean Bodin (1530-1596).
Tratado publicado originalmente em seis volumes em Paris por Jacques Du Puys em 1576.
Traduzido para o latim pelo próprio autor em 1586 com o título de *De Republica libri sex*.
Reeditado em seis volumes, com a ortografia original, no *Corpus des œuvres de philosophie en langue française*, coleção sob a direção de Michel Serres publicada pela editora Fayard, Paris, 1986.

Dados Internacionais de Catalogação na Publicação (CIP)
(Câmara Brasileira do Livro, SP, Brasil)

Bodin, Jean, 1530-1596.
   Os seis livros da República : livro terceiro /
Jean Bodin ; tradução e revisão técnica : José
Ignacio Coelho Mendes Neto. -- 1. ed. -- São Paulo :
Ícone, 2011. -- (Coleção fundamentos do direito)

   Título original: Les six livres de la
République : livre troisième.
   ISBN 978-85-274-1133-2

   1. Ciências políticas - Obras anteriores a 1800
2. O Estado 3. Soberania I. Título. II. Série.

10-06955   CDD-320.15

Índices para catálogo sistemático:

1. República : Ciências políticas   320.15

Jean Bodin

Os Seis Livros da
República

Livro Terceiro

Título Original
Les Six Livres de la République – Livre Troisième

Tradução e Revisão Técnica
José Ignacio Coelho Mendes Neto

Coleção Fundamentos do Direito

1ª Edição   Brasil – 2011

© Copyright da tradução – 2011
Ícone Editora Ltda.

Coleção Fundamentos do Direito

Conselho Editorial
Cláudio Gastão Junqueira de Castro
Diamantino Fernandes Trindade
Dorival Bonora Jr.
José Luiz Del Roio
Marcio Pugliesi
Marcos Del Roio
Neusa Dal Ri
Tereza Isenburg
Ursulino dos Santos Isidoro
Vinícius Cavalari

Título Original
Les Six Livres de la République – Livre Troisième

Tradução e Revisão Técnica
José Ignacio Coelho Mendes Neto

Revisão do Português
Juliana Biggi

Projeto Gráfico, Capa e Diagramação
Richard Veiga

Proibida a reprodução total ou parcial desta obra, de qualquer forma ou meio eletrônico, mecânico, inclusive através de processos xerográficos, sem permissão expressa do editor. (Lei nº 9.610/98)

Todos os direitos reservados pela
ÍCONE EDITORA LTDA.
Rua Anhanguera, 56 – Barra Funda
CEP: 01135-000 – São Paulo/SP
Fone/Fax.: (11) 3392-7771
www.iconeeditora.com.br
iconevendas@iconeeditora.com.br

Índice

Capítulo I
Do senado e do seu poder, 11

Capítulo II
Dos oficiais e comissários, 41

Capítulo III
Dos magistrados, 61

Capítulo IV
Da obediência que deve o magistrado às leis e ao Príncipe soberano, 77

Capítulo V
Do poder dos magistrados sobre os particulares, 97

Capítulo VI
Do poder que os magistrados têm uns sobre os outros, 119

Capítulo VII
Dos corpos e colégios, estados e comunidades, 141

O Terceiro Livro da
REPÚBLICA

Capítulo I

Do senado e do seu poder

O senado é a assembleia legítima dos conselheiros de Estado para dar parecer àqueles que têm o poder soberano em toda República. Até aqui discorremos sobre a soberania e as marcas desta, depois abordamos a diversidade das Repúblicas. Falemos agora do senado, e em seguida falaremos dos oficiais, colocando as coisas principais em primeiro lugar. Não que a República não possa ser mantida sem senado, pois o Príncipe pode ser tão sábio e tão prudente que não encontrará conselho melhor que o seu, ou então, desconfiando de todos, não tomará parecer nem dos seus, nem de estrangeiros. Assim fizeram Antígono rei da Ásia[1], Luís XI neste reino, que o imperador Carlos V seguia de perto, Júlio César entre os romanos, que nunca dizia nada sobre as empreitadas, nem sobre as viagens, nem sobre o dia da batalha[2]. Todos eles estiveram à frente de altas empreitadas, ainda que fossem atacados por grandes e poderosíssimos inimigos. E eram ainda mais temidos porque seus desígnios, por serem cerrados e encobertos, eram executados antes que os

---

1 Plutarco, *Demétrio*.

2 Suetônio, *César*.

inimigos pudessem ter notícia deles, e por esse meio eles eram surpreendidos. E os súditos são mantidos alertas, prontos para obrar e obedecer ao seu Príncipe assim que este erguer a mão, assim como os membros do corpo bem compostos estão prontos para receber e pôr em prática os mandamentos da razão, sem ter participação no conselho desta última.

Se é menos perigoso ter um bom Príncipe assistido por um mau conselho do que um mau Príncipe conduzido por um bom conselho

Acontece que muitos duvidaram[3], a meu ver sem causa para tanto, se é mais conveniente ter um Príncipe sábio e virtuoso sem conselho do que um Príncipe embasbacado dotado de um bom conselho, e os mais sábios resolveram que nem um nem outro valem nada. Mas se o Príncipe for tão prudente quanto supõem, ele não tem grande necessidade de conselho, e o mais alto ponto que ele pode alcançar nas coisas de importância é manter as resoluções secretas, as quais, uma vez descobertas, não servem mais do que intenções desveladas. Assim, os Príncipes sábios procedem com tamanha habilidade que as coisas que menos querem fazer são aquelas de que mais eles falam. E quanto ao Príncipe embasbacado, como seria ele provido de bom conselho, já que a escolha depende da sua vontade e que o primeiro ponto da sabedoria reside em saber bem conhecer os homens sábios e escolhê-los oportunamente, para seguir seu conselho? Todavia, como o esplendor e a beleza da sabedoria são tão raros entre os homens e já que é preciso receber com toda obediência os Príncipes que aprouver a Deus enviar-nos, o mais belo desejo que se pode formular é o de ter um sábio conselho. E não chega a ser muito mais perigoso ter um mau Príncipe com um bom conselho do que um bom Príncipe conduzido por um mau conselho, como dizia o imperador Alexandre.

Eu disse que o Príncipe é conduzido pelo parecer do conselho; isso ele deve fazer não somente para as coisas grandes e de importância, mas também para as coisas ligeiras, pois não há nada que mais autoriza as leis e mandamentos de um Príncipe, de um povo, de uma senhoria do que fazê-los passar pelo parecer de um sábio conselho, de um senado, de uma Corte. Como Carlos V, apelidado o Sábio, tendo recebido as apelações e queixas daqueles de

---

3 Essa questão foi abordada por Lamprido na vida de Severo.

Guyenne, súditos do rei da Inglaterra, que infringiam diretamente o tratado de Bretigni, reuniu todos os Príncipes em Parlamento, dizendo que os tinha mandado vir para ter seu parecer e corrigir-se se tivesse feito coisa que não deveria fazer. Pois os súditos, vendo os éditos e mandamentos promulgados contra as resoluções do conselho, são induzidos a desprezá-los. E do desprezo pelas leis vem o desprezo pelos magistrados, e depois a rebelião aberta contra os Príncipes, que acarreta a subversão dos estados. Por isso se nota que Hierão rei da Sicília perdeu seu estado e foi cruelmente morto junto com todos os seus parentes e amigos por ter desprezado o senado, sem nada lhe comunicar[4], sendo que, por meio do senado, seu avô havia governado o estado durante mais de cinquenta anos, após usurpar a soberania. César cometeu o mesmo erro ao governar a República sem o parecer o senado, e o principal pretexto que foi usado para matá-lo foi que ele não se dignou levantar-se diante do senado, por instigação de seu adulador Cornélio Balbo. Pela mesma causa os romanos haviam matado o primeiro rei e expulso o último, pois um desprezava o senado, fazendo tudo a seu talante, e o outro queria aboli-lo totalmente, eliminando os senadores pela morte. Por essa causa o rei Luís XI não quis que seu filho Carlos VIII soubesse mais que três palavras de latim, que foram riscadas da história de Felipe de Commines, a fim de que ele se governasse por conselho, bem sabendo que aqueles que têm boa opinião de sua suficiência só agem segundo seu próprio juízo; isso havia levado Luís XI a um dedo da ruína, como ele confessou depois. Assim, é certo que o saber de um Príncipe, se não for rematado por uma muito rara e singular virtude, é como uma faca perigosa na mão de um furioso, e não há nada mais temível que um saber acompanhado de injustiça e armado de poder. Nunca se viu Príncipe, exceto por feito de armas, que fosse mais ignaro que Trajano, nem tão douto quanto Nero, e todavia este não teve igual em crueldade, nem aquele em bondade; um desprezava, o outro reverenciava o senado.

Portanto, já que o senado é uma coisa tão útil na monarquia e tão necessária nos estados populares e aristocráticos que eles não podem subsistir sem ele, falemos em primeiro lugar das qualidades exigidas dos senadores, em seguida do número destes, e de se deve haver mais de um conselho, e das coisas que ali se deve tratar, e em último lugar de qual poder se deve

---

4 Lívio sobre Hierão: *Regnante Hierone manserat publicum consilium: post mortem eius nulla de re neque convocati, neque consulti fuerunt.*

dar ao senado. Eu disse que o senado é uma assembleia legítima: com isso se entende o poder que lhe é dado pelo soberano de reunir-se em tempo e local ordenado. Quanto ao local, não pode calhar onde quer que seja, pois com bastante frequência a ocasião o apresenta onde os negócios devem ser executados. Mas Licurgo legislador foi louvado pela proibição que instituiu de colocar retratos ou pinturas no local onde o senado deliberaria, porque ocorre frequentemente que a vista de tais coisas distrai a fantasia e transporta a razão, que deve estar inteiramente voltada para o que se diz. Eu disse conselheiros de Estado para diferenciá-los dos outros conselheiros e oficiais que são chamados amiúde para dar conselho aos Príncipes, cada um segundo sua vocação e qualidade, e no entanto eles não são conselheiros de Estado, nem ordinários.

E quanto ao título de senador, ele significa ancião, assim como os gregos chamavam o senado de γερουσίαν, o que mostra bem que os gregos e latinos compunham seu conselho de anciões, ou de seniores, que nós chamamos de senhores devido à autoridade e dignidade que sempre se deu aos anciões, por serem mais sábios e mais experientes, como se pode ver nas leis de Carlos Magno, quando ele diz: *Nulli per sacramentum fidelitas promittatur, nisi nobis, et unicuique proprio seniori.* Também pelo costume dos atenienses, quando o povo estava reunido para dar conselho, o meirinho chamava em voz alta aqueles que haviam atingido cinquenta anos para aconselhar aquilo que era bom e útil para o público[5]. E não somente os gregos e latinos concederam a prerrogativa aos anciões de dar conselho à República, mas também os egípcios, persas e hebreus, que ensinaram aos outros povos a ordenar bem e sabiamente os seus estados. E qual ordenança mais divina podemos querer além da de Deus? Quando ele quis estabelecer um senado, disse: "Reúnam para mim setenta dos mais anciões de todo o povo, pessoas sábias e tementes a Deus". Pois embora se possa encontrar boa quantidade de rapazes temperantes, sábios, virtuosos e até experientes em negócios (coisa, porém, bastante difícil), seria arriscado compor com eles um senado (que seria antes um Juvenado), até porque seu conselho não seria aceito nem pelos jovens, nem pelos velhos, pois uns estimar-se-iam tão sábios quanto, e os outros mais do que tais conselheiros. E em matéria de Estado, mais do que

---

5 Demóstenes, *Contra Leptino.*

em outra coisa do mundo, a opinião não tem menos, e frequentemente tem mais efeito que a verdade. Ora, não há nada mais perigoso que o fato de os súditos terem a opinião de que são mais sábios que os governantes. E se os súditos tiverem uma má opinião daqueles que comandam, como obedecerão? E se não obedecerem, qual desfecho se pode esperar? É por isso que Sólon proibiu aos rapazes de entrarem para o senado, o que pareceu ser muito sábio. E Licurgo, antes de Sólon, compôs o senado de anciões. Não foi sem causa que as leis deram a prerrogativa de honra, privilégios e dignidades aos anciões, segundo a presunção que se deve ter de que são mais sábios, mais entendidos e mais aptos a aconselhar do que os jovens.

Não quero dizer que a qualidade de velhice basta para ter entrada no senado de uma República, principalmente se a velhice for avançada e já decrépita, faltando-lhe as forças naturais, e se o cérebro enfraquecido não puder cumprir seu dever. Até Platão, que quer que os anciões sejam guardiões da República, dispensa estes últimos. Também está dito na Escritura que Deus, tendo eleito setenta anciões, deu-lhes infusão de sabedoria em abundância. Por essa causa os hebreus chamam seus senadores de sábios[6]. E Cícero chama o senado de a alma, a razão, a inteligência de uma República, querendo concluir que a República não pode se manter sem o senado, não mais que o corpo sem a alma ou o homem sem a razão. Portanto é preciso que os senadores sejam formados por um longo exercício de ouvir, pesar e resolver os grandes negócios. Pois os grandes e belos feitos de armas e de leis não são outra coisa senão a execução de um sábio conselho, que os gregos por esse motivo chamavam de coisa sagrada e os hebreus de fundamento, sobre o qual todas as ações belas e louváveis são erigidas e sem o qual todas as empreitadas se arruínam. Quando digo sabedoria, entendo que ela seja conjunta à justiça e à lealdade, pois não é menos, e talvez mais perigoso ter homens maus como senadores, embora sejam sutis e bem experientes, do que ter homens ignaros e desastrados, já que aqueles pouco se importam em derrubar uma cidade inteira, contanto que sua casa permaneça intacta no meio das ruínas, e às vezes por inveja dos seus inimigos defendem uma opinião contra sua consciência, ainda que não tirem outro proveito além do triunfo que obtêm com a vergonha daqueles que eles estimam ter vencido, atraindo para si os da facção adversa.

---

6 מיסבח *et corrupta Graecorum voce sanedrim.*

Obstinação perniciosa num senador

Há outros que não são impelidos nem pela inveja, nem pela inimizade, mas sim por uma obstinação indômita, a sustentar sua opinião sem nunca curvar-se à razão, e vêm amiúde armados de argumentos, como se tivessem que combater os inimigos em pleno senado. Isso é uma peste quase tão perigosa quanto a outra, e que se deve evitar como o rochedo em alto-mar; nesse caso, é necessário obedecer à tempestade, baixar as velas, abandonar o curso e afastar-se do porto, ao qual enfim se chegará quando se tiver o vento em popa. Eis porque Thomas More, chanceler da Inglaterra, era da opinião que não se debatesse aquilo que tivesse sido proposto no mesmo dia, mas que o debate fosse reservado para o dia seguinte, a fim de que aquele que tivesse emitido sua opinião sem pensar não se esforçasse em sustentá-la, ao invés de afastar-se dela. É preciso, portanto, que o senador sábio dispa-se, na entrada do conselho, do favor para com uns, do ódio para com outros, da ambição para consigo mesmo, e que não tenha outro objetivo além da honra de Deus e da salvação da República. Nisso os lacedemônios eram muito louváveis, quando se tratava do público, pois aqueles mesmos que haviam combatido uma opinião apresentavam-se para defendê-la quando ela tinha sido adotada pelo conselho. Isso porque era expressamente proibido debater aquilo que tivesse passado pelo senado[7], como também o era na República dos aqueus[8] e na dos florentinos. Quanto ao saber, embora seja exigido, inclusive a ciência das leis, das histórias e do estado das Repúblicas, todavia o bom juízo, a integridade e a prudência são muito mais necessárias.

Mas a principal qualidade e a mais exigida de um senador é que ele não detenha nada dos outros Príncipes e senhores, seja em fé e homenagem, seja por obrigação mútua, seja pela pensão que tira disso. E embora seja a coisa mais perigosa para um Estado, não há nada mais frequente no conselho dos Príncipes. Todavia, os venezianos, por sua vez, sempre dispuseram bem a respeito, a ponto de barrar a entrada no conselho aos padres, porque eles prestam juramento ao Papa de nada fazer contra ele; e em vez de votar grita-se com força: *fora i preti*. Eles também baniram o embaixador Hermolau Barbarus, como fizeram ainda há pouco tempo com o cardeal De La Mule,

---

7 Plutarco, *Licurgo*.

8 Lívio liv. 32.

também seu embaixador, por ter tomado o chapéu do Papa sem permissão da senhoria. Mas neste reino vejo que 35 chanceleres eram cardeais, ou bispos pelo menos, e na Inglaterra viu-se o mesmo.

É perigoso ter um conselheiro de Estado pensionário de outro Príncipe

Na Polônia também, o arcebispo de Guesne é chanceler natural do reino, de modo que os reis ficaram obrigados a ter um vice-chanceler laico. E quanto às pensões dadas por estrangeiros aos favoritos e governadores dos Príncipes, é coisa tão ordinária que já se tornou costume. Até Cotignac, embaixador da França na Turquia, ousou desposar uma dama grega sem avisar o rei, assim como, há poucos anos, um outro quis desposar a irmã do rei da Valáquia, por sugestão do paxá Mehemet e do duque de Nixe, e diante da recusa do rei do Valáquia o paxá o despojou de seu estado e investiu nele aquele que havia usurpado o reino da Polônia. Tais empreitadas são perigosas para um estado e não deveriam ser toleradas desse modo.

Qualidades do senador

Eis as principais qualidades do verdadeiro conselheiro de Estado. Em várias Repúblicas também se exige a nobreza, como em Veneza, Ragusa, Nuremberg; na Polônia foi decidido por édito de Sigismundo Augusto, no ano de 1550, que não seria senador quem não fosse oriundo de linhagem nobre, de pai pelo menos, e não portasse suas armas. Em outros lugares eles são escolhidos pelas riquezas, como em Gênova e antigamente em Atenas segundo as ordenanças de Sólon, e em quase todas as Repúblicas antigas. Até mesmo o imperador Augusto não queria que o senador romano de seu tempo tivesse menos de trinta mil escudos válidos, e supria o que faltava aos sábios senadores. Não que isso fosse necessário para o conselho, mas para dar-lhes algo para se entreterem em estado condizente com sua condição, e para suprimir as queixas de uns e a facção dos outros, que são corriqueiras, quando se iguala os pobres aos ricos e os nobres aos plebeus, nos estados e honras que se distribui no principado aristocrático. Era também exigido, para ter entrada no senado, que se tivesse ocupado ofício honorífico e cargo público. E por esse motivo os censores, de cinco em cinco anos, registravam no rol do senado todos aqueles que tinham sido magistrados. Quando Sula quis suplementar o número de senadores, porque 90 deles haviam sido mortos[9], ele instituiu vinte questores, e César quarenta[10], para que no mesmo instante eles tivessem entrada no senado e faculdade de opinar. Isso não era permitido antigamente[11], ainda que fossem chamados de senadores, até que fossem nomeados e registrados pelos censores. Esse costume é preservado ainda hoje nas Repúblicas bem ordenadas, e ninguém é reconhecido senador na Polônia se não for palatino, bispo, castelão ou capitão, ou se não tiver tido cargo de embaixador; e ninguém tem assento no Divan do rei da Turquia a não ser os quatro paxás, os dois *cadilesquiers* e os 12 *bellerbeis*, além dos filhos do príncipe, que presidem o conselho na ausência do pai. Mas isso não deve ocorrer com relação aos mercadores de ofícios, nem na República na qual se traficam as honras e os magistrados a preço de dinheiro, haja vista que a ciência e a virtude, que são necessárias aos conselheiros de Estado, são coisas tão sagradas e tão divinas que não caem jamais em comércio. Quanto ao exame do conselheiro de Estado, ele também ocorria sob os últimos imperadores, como lemos em Cassiodoro: *Admittendos in Senatum examinare cogit sollicitus honor Senatus.*

Número de senadores

Quanto ao número de senadores, ele não pode ser grande, visto a perfeição exigida do conselheiro de Estado. É verdade que, nas Repúblicas populares e aristocráticas, é mister, para evitar as sedições, aplacar amiúde a fome exasperada dos ambiciosos que participam da soberania, como em Atenas se sorteava todo ano quatrocentos senadores, segundo a ordenança de Sólon[12]. Depois o número foi aumentado para quinhentos, que eram cinquenta de cada linhagem, e depois que se acrescentou duas outras linhagens, a saber a antigonida e a demetríada, o número subiu para seiscentos, que mudavam todos os anos, embora só houvesse, no tempo de Péricles, treze mil cidadãos, e vinte mil no tempo de Demóstenes. Pela mesma causa que mencionei, Platão, na sua

---

9 Apiano liv. 1.

10 Díon liv. 43.

11 Valério liv. 2 cap. 1 sobre Fábio Máximo e P. Crasso.

12 Plutarco, *Sólon.*

República, que ele fez popular, compõe o senado de cento e sessenta e oito dos mais astutos e prudentes, que era a trigésima parte dos cinco mil e quarenta cidadãos. Em caso semelhante, Rômulo tomou a trigésima parte dos súditos para formar o senado romano, pois de três mil que havia ele tomou cem dos mais nobres[13]; e depois de ter acolhido os sabinos ele dobrou o número, que foi acrescido de cem por Brutus. E esse número de trezentos senadores em trezentos ou quatrocentos anos não foi aumentado, como lemos em Díon, embora no tempo de Cícero eles fossem pouco menos de quinhentos, pois ele mesmo escreveu que havia 415 deles no senado quando se deliberou mover processo contra Cláudio, que depois foi tribuno do povo, além daqueles que estavam nas províncias ou que a velhice ou a doença escusavam. Pouco depois, César os elevou a mil, em parte gauleses e outros estrangeiros, inclusive o barbeiro L. Licínio, como diz Acron. Mas Augusto, conhecendo o perigo que havia em instituir número tão grande de senadores, reteve somente seiscentos, que ele queria reduzir ao antigo número de trezentos, que todavia era apenas a décima milésima parte dos cidadãos, aproximadamente.

Portanto, não se deve estabelecer o número de senadores com relação à multidão do povo, nem para servir à ambição dos ignorantes, e menos ainda para disso retirar dinheiro, mas unicamente pelo respeito da virtude e sabedoria daqueles que merecem. Ou então, se não for possível de outra forma saciar a ambição daqueles que participam do estado nas Repúblicas populares e aristocráticas, e se a necessidade obrigar a abrir a porta do senado à multidão, que seja ordenado que somente aqueles que detiveram os maiores encargos e magistraturas terão voz deliberativa, como na República popular dos candiotas todos os cidadãos tinham entrada no senado e opinavam mas apenas os magistrados tinham voz deliberativa[14], e no conselho dos aqueus apenas o capitão-em-chefe e os dez demiurgos tinham voz deliberativa para decidir as opiniões[15]. Mas não é preciso chegar a tanto se de outra forma se puder obstar as sedições populares, pois, além do perigo evidente que está em ventilar o conselho comunicado a tantas pessoas, é dar ocasião aos facciosos para perturbar o estado se aqueles que têm voz deliberativa não concordam com a opinião daqueles que só têm voz consultiva, que não conta para nada.

---

13 Dionísio liv. 2.

14 Aristóteles, *Política* liv. 4 cap. 14.

15 Lívio liv. 32.

A fim de prevenir ambos os perigos, os antigos gregos haviam encontrado o meio de compor um conselho à parte com os mais sábios senadores, que eles chamavam de προβόυλους e ἀποκλήτους, com o intuito de dar conselho sobre os assuntos urgentes e sobre o que devia ser mantido em segredo ou comunicado ao senado. Acrescente-se que é bastante trabalhoso reunir os senadores no número que é exigido e fazer com que cheguem num acordo, enquanto o estado continua em perigo e a ocasião de negociar bem se perde. Pois embora a dignidade de senador em Roma fosse grande, o imperador Augusto, por mais que tivesse ordenado multas por falta de comparecimento, não pôde remediar o problema, e foi obrigado, como escreve Díon, a sortear um entre cinco que deviam multa. Rufo Cépio, para incentivá-los a cumprir seu dever, deixou em testamento uma certa soma de denários àqueles que acedessem ao senado, pois exigia-se pelo menos cinquenta senadores para passar uma resolução, e com frequência cem ou duzentos, e às vezes quatrocentos, que eram dois terços dos seiscentos senadores, como se faz nos corpos e colégios. Mas Augusto suprimiu a necessidade, que era de quatrocentos, como escreve Díon. Ademais, o senado ordinário só se reunia três vezes por mês, e se fosse da vontade do cônsul (sem o mandamento do qual o senado não podia se reunir) ou do maior magistrado na ausência do cônsul, passava-se às vezes um ano sem convocar o senado, como fez César no seu primeiro consulado[16], por ter o senado contra si, e no entanto fez o povo decidir o que bem lhe parecesse.

Sólon tinha guarnecido muito melhor os atenienses, pois tinha ordenado, além do senado de quatrocentos mutável a cada ano, um conselho privado e perpétuo dos areopagitas, composto de sessenta dos mais sábios e sem desabono, que detinha o manejo dos negócios mais secretos. Percebeu-se bem qual era a importância desse conselho, pois assim que Péricles, para obter o favor do povo, retirou o poder dos areopagitas, restituindo-o inteiramente ao povo[17], a República foi arruinada. Vemos também que os etólios tinham, além do Grande Conselho, que era chamado de *Panaetolium*, um conselho privado escolhido dentre os mais sábios, dos quais diz Tito Lívio[18]: *Sanctius est apud Aetolos consilium corum, quos apocletos appellant*, e logo depois: *Arcanum hoc gentis consilium*. Antes ele havia dito: *Legibus Aetolorum cavebatur, ne de*

---

16 Suetônio, *César*.

17 Plutarco, *Péricles*.

18 Lívio liv. 35.

pace bellove nisi in Panaetolio, et Pilaico consilio ageretur. Lemos também que a República popular dos cartagineses tinha, além do senado de 400, um conselho particular de 30 senadores dos mais experientes nos negócios. *Carthaginenses*, diz Tito Lívio[19], *XXX. legatos seniorum principes ad pacem petendam mittunt: id erat sanctius apud eos consilium, maximaque ad senatum regendum vis*, o que os romanos não tinham. Ademais, Tito Lívio se espanta, por ser coisa estranha, que os embaixadores da Grécia e da Ásia que tinham ido a Roma nada tinham podido saber das palavras que o rei Eumenes havia pronunciado em pleno senado contra o rei Perseu, acrescentando tais palavras: *Eo silentio clausa curia erat*, com o que ele mostra suficientemente que, no seu tempo, e já muito tempo antes, nada se fazia no senado que não fosse ventilado. Isso fazia com que os senadores fossem às vezes obrigados a cumprir o cargo de secretários de Estado, nas resoluções que chamavam secretas, e a tomar de cada um o juramento de que a coisa só seria divulgada quando fosse executada, como diz Júlio Capitolino, pois a lei *si quis aliquid. De poenis* que condena à forca ou ao fogo aqueles que revelarem os segredos do Príncipe ainda não havia sido publicada. E como ter-se-ia mantido alguma coisa secreta lá onde havia de quatrocentos a quinhentos senadores, e às vezes seiscentos, além dos secretários? Até mesmo os filhos jovens dos senadores entravam no senado, antes de Papírio Praetextatus, e levavam as notícias às mães.

Mas Augusto enfim remediou tal situação da maneira que eu disse, estabelecendo um conselho particular dos mais sábios senadores, e em pequeno número, sem levar ao conhecimento do senado o que devia ser deliberado nos assuntos secretos, mas somente para aconselhar sobre o que devia ser proposto ao senado. Pouco depois da morte de Augusto, Tibério pediu ao senado 20 homens somente para aconselhar, como ele deixou entender, sobre o que seria relatado ao senado. Depois esse costume foi seguido pelos mais sábios imperadores, a saber: Galba, Trajano, Adriano, Marco Aurélio e Alexandre Severo. Deste último disse Lamprido: "Ele nunca fez ordenança sem que houvesse vinte jurisconsultos e várias outras pessoas distintas e entendidas nos assuntos em número de até cinquenta, a fim de que não houvesse menos do que o necessário para passar uma resolução no senado". Nisso aparece com evidência que, nesse conselho privado, despachavam-se as coisas grandes, e que ele não servia somente para deliberar sobre o que seria proposto ao senado,

---

19 Liv. 30.

mas para resolver e decidir os negócios secretos e importantes, e pouco a pouco retirá-los do senado. Por esse meio também se remediou uma outra dificuldade (que seria inevitável na monarquia) causada pela multidão de senadores que não podia acompanhar o imperador, ao qual, no entanto, o conselho deve sempre assistir, tal como os antigos teólogos e poetas indicaram, fazendo com que a deusa Pallas estivesse sempre à destra de Júpiter. De outro modo, seria preciso que o Príncipe ficasse atado ao local onde o senado tivesse sua sede, o que não convém à majestade soberana, nem é possível. E embora se despachem diversas coisas no conselho privado que não é necessário relatar ao Príncipe, é bastante conveniente que cada um pense que ele as ouve, para autorizá-las ainda mais, a fim de que os súditos não digam que o rei não as ouve. Por esse motivo o grande senhor dos turcos tem sempre uma treliça que leva do seu quarto ao divã, onde se reúne o conselho, a fim de manter os paxás e os do conselho de sobreaviso, para que eles pensem sempre que o seu Príncipe os está vendo, ouvindo, escutando.

Mas talvez, dirá alguém, a República seja tão estreita, e os homens de experiência em número tão pequeno, que não se encontrará quantidade suficiente destes. Isso é verdade se o estado for tão angusto que não haverá necessidade de muitos homens, como na República dos farsálios havia somente vinte pessoas que detinham a senhoria e não havia outro senado nem conselho privado além dos vinte senhores. Todavia, a República dos lacedemônios sempre teve, mesmo depois de ter conquistado toda a Grécia, apenas trinta senhores para a senhoria e para o senado. Entretanto, desse número de trinta havia um número muito pequeno para o conselho privado, como lemos em Xenofonte[20] ao falar do estabelecimento dessa forma de estado em Atenas, onde foram nomeados trinta senhores. Nas outras cidades da Grécia havia dez senhores soberanos, sem outro senado nem conselho particular. A razão era que eles tinham resolvido transformar todas as Repúblicas populares da Grécia em aristocracias, o que eles não teriam podido fazer nas cidades menores se tivessem instituído senhoria, senado e conselho privado. Porém, hoje em dia quase não há República, seja popular ou aristocrática, que não tenha um senado e um conselho particular, e frequentemente, além de ambos, um conselho restrito, principalmente junto aos monarcas. Pois embora o imperador Augusto superasse todos os outros que o sucederam em prudência

---

20 *Rerum Graecarum* liv. 3.

e feitos bem-sucedidos, ele tinha, além do senado e do conselho particular, um outro conselho restrito formado por Mecenas e Agripa, com os quais ele decidia os altos negócios, e esses dois foram os únicos que ele chamou para decidir se devia manter ou deixar o Império[21]. Também Júlio César tinha Q. Pédio e Cornélio Balbo no seu conselho restrito, aos quais ele cedia seu número para escutar seus segredos[22]. Assim, Cassiodoro, ao falar dos segredos do Príncipe, dizia: *Arduum nimis est Principis meruisse secretum.*

Da mesma forma, temos a Corte do Parlamento de Paris, que foi o antigo senado do reino da França e antes disso o Grande Conselho, mais o Conselho Privado e o Conselho Restrito, no qual atualmente as resoluções são tomadas nos mais altos assuntos deliberados anteriormente no conselho privado, e o conselho das finanças, se convier levar as coisas até ele; nele são assinados os róis dos dons, as cartas e mandamentos; nele são abertos os pacotes dos Príncipes, dos embaixadores, dos governadores e capitães, e são ordenadas as respostas aos secretários de Estado. Isso apesar da ordenança de Carlos IX feita no mês de novembro de 1563 e não impressa, cujo artigo primeiro reza que, quando o rei despertar, todos os Príncipes e membros do seu conselho entrarão no quarto; no entanto, a ordenança não foi observada. Há também um conselho à parte para as finanças, do qual participam os intendentes e secretários de Estado das finanças e o tesoureiro da fazenda. Além disso, os Príncipes sempre tiveram um conselho restrito de dois ou três dos mais íntimos e confiáveis. Não se deve julgar estranhas a diversidade e pluralidade dos conselho no reino da França, visto que na Espanha há sete deles, além do conselho restrito, que se reúnem sempre perto do rei em câmaras separadas, e contudo no mesmo corpo de habitação, para que o rei, indo de um ao outro, fique melhor informado dos negócios; são eles: o conselho da Espanha, o conselho das Índias, o conselho da Itália e o do país baixo, o conselho da guerra, o conselho da ordem de São João e o conselho da Inquisição. Se se disser que a grandeza do estado assim o exige, eu não o negarei. Mas também se vê em Veneza, que não tem grande extensão de país, quatro conselhos além do senado e do Grande Conselho, a saber: o conselho dos sábios da marinha, o conselho dos sábios da terra, o Conselho dos Dez e o Conselho dos Sete, do qual o duque é o sétimo membro e que é chamado de senhoria quando se

---

[21] Díon liv. 53.

[22] Suetônio, *César*.

junta ao Conselho dos Dez, mais os três presidentes da quarentena, além do senado de 60 que chega a 120 incluídos os magistrados.

E quem impedirá, se houver poucos homens dignos de serem conselheiros de Estado, que se faça um senado pequeno e um conselho privado reduzido? O estado de Ragusa é bem estreito, e mesmo assim o senado tem sessenta pessoas e o conselho privado doze. O senado de Nuremberg é de 26 e o conselho privado de 13, mais outro conselho de sete burgomestres. O cantão de Schwyz é o menor de todos, e não obstante, além do senado de 45 pessoas, há um conselho secreto dos seis primeiros senadores e do *Aman*; a mesma forma é utilizada no cantão de Uri. Quanto aos cantões de Zurique, Berna, Schaffhausen, Basileia, Soleure, Friburgo e Lucerna, existe, além do Grande Conselho, um Pequeno Conselho: o grande conselho de Berna é de 200 e o pequeno é de 26, em Lucerna o grande é de 100 e o pequeno de 18. Em Saint Gallen o grande conselho é de 66 e o pequeno de 24. Em Coira o senado é de 30 e o conselho estreito de 15. Sem ir tão longe, sabe-se bem que o estado de Genebra está contido no entorno e circuito da periferia, e não obstante, além do Conselho dos 200, há um senado de 60 mais o conselho privado de 25. E não há cantão tão pequeno (exceto as três ligas dos Grisões, governadas por comunas populares) que não tenha, além do senado, um conselho privado. Alguns têm três, ou até quatro, como o cantão da Basileia, onde os negócios secretos são manejados por dois burgomestres e dois *Zunftmeister*. Em Berna a situação é semelhante, os dois *avoyers* e quatro *banderets* manejam as coisas secretas, como o conselho estreito na monarquia. E mesmo nas dietas e jornadas dos treze cantões é somente o conselho privado dos embaixadores que promulga os *abscheids* e outorga as comissões atinentes aos negócios comuns.

Digo, portanto, que é muito útil em toda República ter pelo menos um conselho privado além do senado, já que a regra dos antigos gregos e latinos assim nos informa, a razão nos mostra e a experiência nos ensina. Mas a diferença é notável entre o senado das Repúblicas populares ou aristocráticas e das monarquias, pois naquelas as opiniões e deliberações são tomadas no conselho mais estreito e particular, e as resoluções promulgadas no conselho maior ou na assembleia dos senhores ou do povo, se a coisa for tal que se deva publicá-la; mas na monarquia toma-se as opiniões e deliberações no senado ou no conselho privado, e a resolução no conselho estreito. Isso pode ser visto a todo momento em Tito Lívio: quando se trata da paz ou da guerra, ou de outros assuntos de importância que tocam a majestade, a deliberação é feita no senado e a resolução tomada pelo povo, como mostrei acima[23] com vários exemplos. Em caso semelhante, quando a guerra foi declarada aos romanos pelos tarentinos, o senado, diz Plutarco[24], deu o parecer e o povo de Tarento concedeu seu mandamento. Isso pode ser visto em Veneza: quando se apresenta alguma dificuldade entre os sábios, ela é levada ao Conselho dos Dez, e se estes permanecerem divididos, reúne-se aos dez o Conselho dos Sete; e se a coisa tem importância, chama-se o senado, e às vezes também (embora raramente) o Grande Conselho de todos os gentis-homens venezianos, no qual é tomada a última resolução[25]. Esse era o antigo costume de Cartago[26], onde, se o senado não chegava num acordo, o diferendo era disputado, debatido e decidido pelo povo.

Ora, essa diferença de resolver e decidir as opiniões provém da soberania e daqueles que manejam o governo. Pois na monarquia tudo está relacionado a um só; no estado popular, ao povo. E quanto mais o monarca está seguro do seu poder e suficiência, menos ele comunica os negócios ao senado; ou então, para desencarregar-se, ele lhe remete as comissões da justiça extraordinária, ou o julgamento das causas em apelação. O mesmo ocorre se o senado for composto de tamanha multidão que o Príncipe, ao divulgar a tantas pessoas os seus segredos, não possa levar a cabo os seus intentos. Foi esse o meio que o imperador Tibério encontrou para entreter o senado: incumbi-lo do julgamento dos processos de importância, para fazer com que esquecesse pouco a pouco o conhecimento dos negócios de Estado. Depois dele, Nero ordenou que o senado conheceria as causas em apelação, que antes eram encaminhadas ao imperador, e que a multa pela apelação indevida ao senado seria tão grande quanto se o próprio imperador tivesse tomado conhecimento da causa. Por esse meio ele fez do senado uma corte e jurisdição ordinária, que nunca tinha tido costume de julgar durante a liberdade popular, a não ser extraordinariamente no caso das conjurações contra a República e outros crimes semelhantes que lesam o Estado[27], ou quando o povo, que tinha o

---

23 No capítulo sobre as marcas da soberania.

24 No *Pirro*.

25 Bembo, *História de Veneza*; Contarini, *República*.

26 Aristóteles, *Política* liv. 2 cap. 6.

27 Políbio, *De militari ac domestica Romae disciplina* liv. 6.

conhecimento de vários casos, remetia o conhecimento ao senado. Eis porque Cícero, ao acusar Verres, disse assim: *Quo confugient socii? Quem implorabunt? Ad Senatum devenient, qui è Verre supplicium sumat? Non est usitatum non est Senatorium.* Nisso se enganaram aqueles que pensaram que o senado julgava, quando viram que os senadores eram sorteados para julgar causas públicas e criminais, ora à parte ora com os cavaleiros segundo a Lei Lívia, e depois com os cavaleiros e os financistas segundo a Lei Aurélia. Pois há bastante diferença entre o senado em conjunto e os senadores tomados na qualidade de juízes, e entre o conselho privado e os seus conselheiros que comparecem às Cortes para julgar. Mas o senado nunca teve antes de Nero jurisdição ordinária. Até mesmo Augusto não quis que o senado se imiscuísse no julgamento da honra ou da vida dos senadores, ainda que fosse instigado nesse sentido pelo seu amigo Mecenas[28]. Embora Tibério remetesse frequentemente tais causas ao senado, era somente sob forma de comissão[29], o que depois o imperador Adriano fez passar sob forma de jurisdição ordinária[30].

Viu-se em caso semelhante que Felipe o Belo, ou, como dizem outros, Felipe o Comprido, para livrar-se da Corte do Parlamento e retirar-lhe sutilmente o conhecimento dos negócios de Estado, erigiu-a em Corte ordinária, atribuindo-lhe jurisdição e sede em Paris; tal era antigamente o senado da França e se chama ainda hoje a Corte dos Pares, que foi instituída por Luís o Jovem, segundo a opinião mais verdadeira, para dar conselho ao rei, como se pode ver no alçamento do condado de Mâcon em pariato pelo rei Carlos V em 1359, no qual está dito que os reis da França instituíram os Doze Pares para dar-lhes conselho e ajuda; essa Corte se chamava, como ainda hoje, por prerrogativa de honra, a Corte do Parlamento (sem aposto), como se pode ver nas cartas que ela escreve ao rei, ao passo que as outras recém estabelecidas acrescentam Parlamento de Rouen, de Bordeaux, de Dijon. Não obstante, diante das reclamações da Corte por causa da dificuldade que encontrava em publicar as cartas-patentes dadas em Rouen a 16 de agosto de 1563, o rei disse aos deputados da Corte: "Não quero mais que cuideis de outra coisa a não ser prestar boa e breve justiça. Pois os reis meus predecessores vos colocaram na posição em que estais com essa única finalidade, e não para fazer de vós

---

28 Díon liv. 55.

29 Tácito liv. 3 e seguintes.

30 Espartiano, *Adriano*.

meus tutores, nem protetores do reino, nem conservadores da minha cidade de Paris. E quando eu vos comandar algo, se encontrardes alguma dificuldade, sempre acharei bom que me façais reclamações, e depois que as tiverdes feito sem mais réplica quero ser obedecido". Todavia, o Parlamento fez ainda outras reclamações, de modo que houve impasse quanto à publicação das cartas mencionadas, que deram ensejo à resolução do Conselho Privado de 24 de setembro segundo a qual o impasse foi declarado nulo, com proibição ao Parlamento de pôr em deliberação as ordenanças emanadas do rei no que se refere aos negócios de Estado, o que havia sido feito também pelas cartas-patentes do ano de 1527. Em caso semelhante, o Grande Conselho, que era empregado quase somente para os negócios de Estado nos reinados de Carlos VII e VIII, ficou pouco a pouco tão abarrotado de processos que Carlos VIII fez dele uma Corte ordinária de dezessete conselheiros, aos quais Luís XII acrescentou até vinte, além do chanceler, que era o presidente desta. Desse modo, sob o rei Francisco fez-se dele presidente em vez de chanceler; ambos só eram empregados no conhecimento das causas extraordinárias por forma de comissão e reenvio do Conselho Privado, e ordinariamente nas apelações do preboste do hotel.

Assim, vemos o Conselho Privado ser quase reduzido à forma de Corte ordinária, conhecendo os diferendos entre as cidades e os Parlamentos, e no mais das vezes entre os particulares por pouca coisa. Isso se fez para que essa grande companhia de homens ilustres e distintos fosse ocupada com alguma coisa, tendo quase perdido o conhecimento dos negócios de Estado, que nunca podem alcançar um desfecho feliz se forem comunicados a tantas pessoas. Nesses casos, a parte mais sã dos melhores cérebros é sempre vencida pela maioria, além do que é impossível manter o conselho em segredo, ou saber quem o descobre em meio à multidão, ou expulsar aqueles que são considerados suspeitos. A não ser que se queira usar o costume dos antigos atenienses segundo o qual os senadores podiam, por meio de um julgamento secreto que era chamado de ἐκφυλλοφορία, condenar com toda liberdade, sem inveja, o senador falastrão, ou que manchava o esplendor de seu estado. Da mesma forma, os censores romanos sem forma nem aparência de processo tinham o costume de barrar os senadores indignos, e por esse meio excluí-los do senado, se não quisessem submeter-se à sentença dos juízes, que estava acima da censura, ou então se o povo desse uma nova magistratura e cargo honorífico àquele que tivesse sido barrado pelos censores ou condenado pelos juízes. Mas pode-se criticar os romanos por ter investido e barrado os senadores com demasiada facilidade e em número grande demais, pois uma vez Fábio Buteo[31], que fora nomeado ditador para suplantar o senado, investiu 177 senadores, e os censores Lêntulo e Gélio, ao fazer uma revista, excluíram 64 deles. O que é mais compatível e conveniente para a grandeza e dignidade de um senado: admitir poucos senadores que sejam escolhidos e triados como pérolas, ou elevar ao mais alto grau de honra homens dignos e indignos, para depois precipitá-los com eterna infâmia e desonra, deles e daqueles que os auxiliaram (o que todavia não se pode fazer sem perigo de sedição)? Nos quatrocentos anos desde que o conselho privado da Inglaterra foi estabelecido por sugestão e empenho de um arcebispo de Canterbury que era chanceler, ele só foi ocupado por 15 pessoas e nunca passou de 20. Por meio desse pequeno conselho, eles mantiveram seu estado belíssimo e florescente em armas e em leis, o que se vê nas suas histórias e no tratado de paz entre Luís IX e Henrique rei da Inglaterra, que para maior segurança foi jurado pelos 17 conselheiros do conselho privado, a saber, um arcebispo, o chanceler, um bispo, seis condes e seis outros senhores, mais o grande tesoureiro e o magistrado que eles chamam de Grande Justiça da Inglaterra.

Se me disserem que muitas vezes a ambição, o favor, a importunidade, a necessidade impelem a investir vários senadores sem ter meios de conhecê-los, eu respondo que a ordenança de Sólon havia previsto todas essas dificuldades, e que seria necessário observá-la em todas as Repúblicas, a saber, que ninguém fosse aceito no santo senado dos areopagitas se não tivesse passado pelos mais altos postos de honra sem falha e sem desabono, assegurando-se assim de que aqueles tinham podido manter-se em precipícios tão perigosos e escorregadios poderiam certamente ter lugar no senado sem cair nem vacilar. Eis porque todos os antigos gregos e latinos louvaram tão altamente o senado dos areopagitas, que era composto de 60 pessoas, como lemos em Ateneu. Ainda se conserva esse costume nos cinco pequenos cantões, onde aqueles que passaram por todos os estados honoríficos tornam-se senadores perpétuos. Mas não é por ter resolução muito boa, e menos ainda para manter os negócios de Estado secretos, porque cada um dos senadores dos pequenos cantões – que são 45 em Zug, 144 em Appenzell e mais ou menos nos outros – pode trazer consigo

---

31 Floro, epítome 98.

ao conselho, quando se trata de coisas de importância, duas ou três pessoas que ele escolher, de modo que se vê, às vezes, quatrocentos ou quinhentos, entre aqueles que são senadores e os que não o são, e não obstante têm voz deliberativa.

Eis o que se devia dizer quanto ao número de conselheiros do Estado. Digamos também uma palavra sobre aqueles que devem propor e sobre o que deve ser proposto.

Daqueles que devem propor ao senado

Quanto ao primeiro, antigamente sempre se levou grandemente em consideração a qualidade daqueles que pediam parecer ao senado. De fato, vemos que era a competência própria dos maiores magistrados em Roma, que por esse motivo se chamavam cônsules; ou na ausência deles o maior magistrado que estivesse em Roma, a saber, o pretor da cidade[32]. Eles recebiam os requerimentos dos particulares, as cartas dos governadores e os embaixadores dos Príncipes e povos aliados, para apresentar relatório disso tudo ao senado. Na Grécia eram aqueles que eram chamados de πρόβουλοι, que tinham o mesmo cargo que aqueles chamados de reitores na República de Ragusa e de sábios na República de Veneza, embora os três *avogadours* ordinariamente proponham ao senado aquilo sobre o que se deve deliberar. No conselho dos gregos o presidente mandava um meirinho perguntar em voz alta se havia alguém que quisesse sugerir alguma coisa, o que Tito Lívio, ao falar dos aqueus, diz de todos os gregos em geral[33]: *uti mos est Graecorum*. Mas quanto aos etólios, seu costume era notável, digno de ser observado em toda parte e muito louvado e aprovado por Filopemen, capitão-em-chefe da liga dos aqueus[34]. Consistia em que o presidente, ou aquele que aconselhava em primeiro lugar que se fizesse alguma coisa em pleno senado, não tinha voz deliberativa para o caso que propunha. Isso pode suprimir as práticas e manobras cobertas que se fazem no senado dos estados populares e aristocráticos, onde os mais nefastos atraem facilmente os outros para sua opinião. Porém, não posso aprovar o modo de proceder em Gênova, onde somente

---

32 Cícero, *Epistola de Cornuto praetore urbano*.

33 Liv. 32.

34 Lívio liv. 35.

— 29 —

o duque tem o poder de propor o que lhe aprouver ao senado, pois além da dificuldade que existe para se falar com o duque, rodeado por todos os lados e envolto numa infinidade de assuntos, e para lhe expor em detalhe mil razões para apresentá-las ao conselho, ainda há o perigo de dar autoridade tão grande a uma pessoa para que possa dizer ou omitir perante o senado tudo o que lhe aprouver, e que não seja lícito a ninguém mais além dele falar sobre isso. Além disso, há o perigo de que aquele que propõe seja tão grande que não se possa contradizê-lo francamente.

Eis porque previu-se sabiamente, no reino da França, que seria permitido a todos aqueles que tivessem entrada no conselho (ainda que não tivessem voz deliberativa nem assento) relatar os requerimentos de qualquer pessoa e aconselhar o conselho sobre o que for útil ao público, a fim de provê-lo. No mais das vezes, pede-se o parecer dos mesmos, depois o dos conselheiros de Estado que têm assento e voz deliberativa, de modo que os maiores senhores opinam por último, a fim de que a liberdade não seja suprimida pela autoridade dos Príncipes, e mesmo dos homens facciosos e ambiciosos, que nunca toleram contradição. Ao proceder assim, aqueles que têm apenas voz consultiva abrem caminho para aqueles que têm voz deliberativa, e fornecem muitas vezes ao conselho boas e vivas razões; se fracassarem, são vencidos pelos outros sem inveja. Esse é um costume muito mais louvável que o dos romanos, segundo o qual o cônsul pedia primeiramente a opinião do chefe do senado, ou então daquele que tinha sido designado cônsul para o ano seguinte. Contudo, fazia-se o contrário diante do povo, pois os particulares opinavam primeiro e depois os magistrados[35], a fim de que a liberdade dos pequenos não fosse tolhida pela autoridade dos grandes. Acrescente-se que a ambição de falar em primeiro acarreta amiúde a cobiça de uns e a inveja de outros.

Por isso se vê que os imperadores tiranos, para descarregar sobre o senado o ressentimento que o povo tinha de suas crueldades, propunham ou mandavam ler sua opinião, e ousado seria aquele que a contradissesse. Isso não é pedir conselho, mas comandar estritamente. Disso se queixou um antigo senador, dizendo: *Vidimus curiam elinguem, in qua dicere quod velles, periculosum: quod nolles, miserum esset.* Também disse o imperador Domiciano: *unus solus censebat quod omnes sequerentur,* ao louvar Trajano, *quod eo rogante sententias libere dicere liceret, vinceretque sententia, non prima, sed melior.*

---

35 Díon liv. 38.

Porém, eu desejaria que o conselho fosse reservado à manhã, pois não se deve considerar opinião bem digerida aquela que é emitida após o jantar, como diz Felipe de Commines. O mesmo vale para os países onde os homens são sujeitos ao vinho, descartando a opinião de Tácito[36], que julgava bom o modo dos antigos alemães, que só deliberavam sobre os grandes negócios rodeados de canecas, para descobrir o coração de cada um e para aguerrirem-se na persuasão daquilo que julgavam mais conveniente. Mas seu costume mudou muito, tanto que seus contratos não valem nada se forem feitos depois de beber e essa única causa basta ao juiz para anulá-los.

Os assuntos que se deve propor ao senado

Quanto aos assuntos que se deve propor, dependem das ocasiões e casos que se apresentam. Os antigos romanos deliberavam primeiramente das coisas relativas à religião, como objetivo e fim pelo qual todas as ações humanas devem começar e acabar. Por isso, diz Políbio[37], nunca houve povo mais devoto do que esse, acrescentando que, por meio da religião, eles estabeleceram o maior império do mundo. Em seguida se deve falar dos negócios de Estado mais urgentes e que tocam mais de perto o público, como os fatos da guerra e da paz, nos quais não é menos arriscado enredar o conselho em longas dificuldades do que fazer com que se precipite. Nesse caso, como em todas as coisas duvidosas, os antigos tinham uma regra que não tolera muitas exceções, a saber, que não se deve fazer nem aconselhar algo se se duvidar se ela é justa ou injusta, útil ou danosa, se o dano que pode advir é maior do que o proveito que pode ser obtido com a empreitada. Se o dano for evidente e o proveito duvidoso, ou então ao contrário, não se deve pôr em deliberação qual será escolhido. Mas as dificuldades são mais urgentes quando o proveito que se espera é maior e faz contrapeso ao dano que pode resultar das empreitadas. Todavia, a opinião mais sadia dos antigos deve prevalecer, ou seja, não se deve levar em conta os casos fortuitos quando se trata do Estado. Eis porque os mais astutos fazem com que os mais simplórios tomem a palavra para propor e aconselhar uma opinião duvidosa, a fim de que não sejam criticados se dela decorrer algum mal, e que levem a honra se a coisa der certo. Mas o sábio senador nunca se

---

36 No *De moribus Germanorum*.

37 *De militari ac domestica Romae disciplina* liv. 6.

deterá nos casos fortuitos e aventurosos, mas esforçar-se-á sempre por bons e sábios discursos para tirar os verdadeiros efeitos das causas precedentes. Pois vê-se amiúde os mais aventurosos e temerários serem os mais felizes nos feitos. Por essa causa os antigos teólogos nunca introduziram a deusa Fortuna no conselho dos deuses.

A deusa que era chamada Fortuna foi expulsa do conselho dos outros deuses

Todavia, quase não se ouve outra coisa senão louvar ou criticar as empreitadas pelo fim que produzem, e medir a sabedoria pelo padrão da fortuna. Se a lei condena à morte o soldado que combateu contra a proibição do capitão, ainda que tenha trazido a vitória, que motivo resta para pesar na balança da sabedoria os casos fortuitos e sucessos felizes? Por isso, tais aventuras continuadas acarretam no mais das vezes a ruína dos Príncipes aventurosos. Por conseguinte, para evitar que algo seja decidido temerariamente no conselho, a opinião de Thomas More me parece boa: que se proponha um dia antes aquilo que deve ser resolvido no dia seguinte, para que as deliberações sejam melhor digeridas; à condição, todavia, que não seja questão de interesse particular daqueles que têm voz no conselho, pois nesse caso é muito melhor recolher as opiniões imediatamente e sem atraso do que esperar que o são julgamento de uns seja impedido pelas manobras dos outros, e que se venha preparado com longas sequências de razões para reverter o que deve ser concluído. E assim como a verdade, quanto mais nua e simplesmente deduzida, mais bela fica, assim também é certo que aqueles que a travestem com o uso de figuras lhe retiram seu lustro e sua ingênua beleza. Isso é coisa que se deve de todo modo evitar no conselho, a fim também de que a brevidade lacônica cheia de boas razões dê oportunidade a cada um de dizer sua opinião tal como se deve fazer, e não votar como em Veneza ou passar para o lado daquele cuja opinião se sustenta, como se fazia no senado de Roma. Pois eles sempre se viam impedidos quando a coisa posta em deliberação tinha vários cabeçalhos e artigos, que haviam sido em parte aprovados e em parte rejeitados, de modo que era necessário propor cada artigo separadamente, o que os latinos chamavam de *dividere sententiam*, e fazer passar e repassar os senadores de um lado para o outro. Os venezianos também encontram as mesmas dificuldades, que os obrigam a recolher com frequência as opiniões verbais e abandonar as urnas, as quais eles usam até quando se trata dos bens, da vida e da honra, à moda dos antigos gregos e romanos, coisa que não se pode fazer sem injustiça, devido à variedade infinita dos casos que se apresentam para julgar.

Ora, ainda que o senado da República não esteja ligado a um certo conhecimento, mesmo assim ele não deve ser afastado da jurisdição dos magistrados, a não ser no debate dos maiores magistrados e Cortes soberanas. Por essa causa o imperador Tibério protestou, ao assumir o estado, que não queria alterar nada nem tomar conhecimento da jurisdição dos magistrados ordinários[38]. E aqueles que fazem une multidão do senado e do conselho privado rebaixam grandemente a dignidade destes, quando na verdade eles deveriam ser respeitados por autorizar as ações dos Príncipes e por dedicar-se inteiramente aos negócios públicos, que bastam para ocupar um senado. Além disso, este age quando se trata da vida ou da honra dos mais altos Príncipes e senhores, ou da punição das cidades, ou de outra coisa de mesma importância, que merece que o senado seja convocado, como antigamente o senado romano conhecia por comissão do povo as traições e conjurações dos aliados contra a República, como se vê em Tito Lívio[39]. Resta ainda o último ponto de nossa definição, a saber, que o senado é estabelecido para dar parecer àqueles que detêm a soberania.

O senado é estabelecido somente para dar parecer, e não para comandar

Eu disse dar parecer porque o senado de uma República bem ordenada não deve ter poder de comandar, nem de expedir mandamentos, nem de pôr em execução seus pareceres e deliberações; tais competências devem pertencer àqueles que detêm a soberania. Se perguntarem se existe República onde o senado tem tal poder, é uma questão que reside nos fatos. Mas eu sustento que a República bem estabelecida não deve tolerar tal coisa, e que isso não pode ocorrer sem diminuição da majestade, muito menos na monarquia do que no estado popular ou aristocrático. Nisso se reconhece a majestade soberana de

---

38 Tácito liv. 1; Suetônio, *Tibério*.

39 Lívio liv. 26.

um Príncipe, quando ele pode, e a prudência quando ele sabe pesar e julgar os pareceres do seu conselho e concluir de acordo com a parte mais sã, e não de acordo com a maior. Se me disserem que não convém ver os magistrados e Cortes soberanas terem poder de comandar e expedir comissões em seu nome, e que o senado, que julga os seus diferendos, deve ser privado desse poder, eu respondo que os magistrados têm poder de comandar em virtude de sua instituição, fundação e nomeação, e dos éditos feitos nesse intuito para limitar seu cargo e seu poder. Mas nunca houve senado em nenhuma República bem ordenada que tivesse poder de comandar em virtude de sua instituição. Por isso não se vê no reino da França, nem da Espanha, nem da Inglaterra, que o conselho privado seja erigido ou instituído na forma de corpo e colégio, nem que tenha poder por édito ou ordenança de ordenar e comandar, como é necessário para todos os magistrados, como diremos abaixo. E quanto ao que se diz que o conselho privado cassa os julgamentos e decretos dos magistrados e das Cortes soberanas, e que por esse meio se quer concluir que ele não carece de poder, eu respondo que os decretos do conselho privado não dependem de modo algum dele, mas do poder real, e somente por comissão, na qualidade de juízes extraordinários para o fato de justiça; ademais, a comissão e o conhecimento do conselho privado estão sempre ligados à pessoa do rei. Assim se vê que todos os decretos do conselho privado levam estas palavras, PELO REI NO SEU CONSELHO: este nada pode fazer se o rei não estiver presente ou se ele não julgar aprazíveis os atos do seu conselho.

Ora, mostramos acima que a presença do rei faz cessar o poder de todos os magistrados. Como então o conselho privado teria poder estando o rei presente? Se ele nada pode fazer na ausência do rei, somente por comissão extraordinária, qual poder diremos que ele tem? Se, portanto, no fato de justiça o conselho privado não tem poder de comandar, como poderia tê-lo nos negócios de Estado? É por isso que se relata ao rei aquilo que foi deliberado no conselho para ouvir sua vontade, o que se faz já há muito tempo, pois existe até mesmo uma carta antiga que menciona Endobaldo, conde do palácio do rei Clotário, que reunia o parlamento do rei e assistia às deliberações para relatá-las ao rei, que dava seus decretos. Mas poder-se-ia duvidar se o senado no estado popular e no aristocrático não deve ter mais poder do que na monarquia, haja vista a diferença que existe entre um senhor e vários, um Príncipe e o povo, um rei e uma multidão infinita de homens. Acrescente-se que lemos que, na República romana, que se estima ter sido das mais florescentes e das melhores ordenadas que já houve, o senado romano tinha o poder de dispor das finanças[40], que é um dos grandes pontos da majestade, e de nomear lugares-tenentes para todos os governadores de província[41], e de outorgar os triunfos[42], e de dispor sobre a religião. Por esse motivo Tertuliano dizia que nunca Deus algum foi aceito em Roma sem decreto do senado. E quanto aos embaixadores dos reis e povos, era somente o senado que os recebia e credenciava. Ademais, era proibido sob pena de lesa-majestade apresentar requerimento ao povo sem ter obtido parecer do senado, como dissemos acima. Isso não era apenas em Roma, mas também em todas as Repúblicas da Grécia[43], e por ter infringido tal proibição Trasíbulo foi acusado de lesa-majestade em Atenas[44], como também foi depois Andrócio por Demóstenes. Isso é melhor observado ainda em Veneza do que foi em Roma ou na Grécia.

Não obstante tudo isso, eu digo que o senado dos estados populares e aristocráticos só deve ter parecer e deliberação e que o poder deve depender daqueles que detêm a soberania. Diga-se o que se disser do poder do senado romano, era apenas dignidade, autoridade e conselho, e não poder, pois o povo romano podia, quando bem entendesse, confirmar ou infirmar os decretos do senado, o qual não tinha poder algum para comandar, e menos ainda executar suas decisões, como Dionísio de Halicarnasso muito bem observou[45]. Por isso vemos a todo momento em Tito Lívio estas palavras, SENATUS DECREVIT, POPULUS IUSSIT, que Festo Pompeu interpretou erroneamente ao dizer que a expressão *Populus iussit* significava *Decrevit*, pois cabia ao senado outorgar e ao povo comandar. Ocorre o mesmo quando Tito Lívio fala da autoridade de Cipião Africano: *Nutus eius pro decretis patrum, pro populi iussis esse.* E o mais simples tribuno, ao opor-se ao senado, podia impedir todos os seus decretos. Mencionei acima algumas passagens de Tito Lívio[46] nas quais aparece com evidência que o senado nada podia comandar. O mesmo consta do decreto

---

40 Cícero, *In Vatinium*; Políbio liv. 6.

41 Cícero, *In Vatinium*.

42 Lívio liv. 28

43 Aristóteles, *Política* liv. 4.

44 Plutarco, *Lísias*.

45 Liv. 2.

46 Liv. 4, 30 e 27.

que diz que o cônsul podia, se bem entendesse, apresentar requerimento ao povo para nomear um ditador; se o cônsul não quisesse fazê-lo, o pretor da cidade se incumbiria disso; e se ele nada quisesse fazer, um dos tribunos poderia fazê-lo. O cônsul, diz Tito Lívio, nada quis fazer e proibiu o pretor de obedecer ao senado. Se o senado pudesse comandar, o cônsul não teria usado essa linguagem e não teria proibido o pretor de obedecer ao senado. De fato, o senado não podia comandar os pretores, e por isso usava as fórmulas "Se bem lhe parecer", "Se lhe aprouver". *Decreverunt patres ut M. Junius Praetor Urbanus, si ei videretur, decemviros agro Samniti Appuloque quoad eius publicum erat, metiendo dividendoque crearet*: se se quiser dizer que estas palavras, *Si Consulibus, si Praetoribus videatur*, implicam comando, o contrário se verifica no que diz Tito Lívio ao falar da punição dos capuanos, quando o cônsul Fúlvio leu o decreto do senado que continha estas palavras: *Integram rem ad Senatum reiiceret, si ei videretur, interpretatum esse quid magis è Republica duceret aestimationem sibi permissam*, e foi além sem levar em consideração o decreto do senado.

Por isso não havia uma única comissão ou mandamento em todas as deliberações e decretos do senado, e não havia nem lictores, nem sargentos, que são as verdadeiras marcas daqueles que têm poder de comandar, como dizia Varrão seguindo o jurisconsulto Messala[47]. Mas os magistrados, tendo os decretos do senado em mãos, expediam seus mandamentos e comissões para executá-los, se bem lhes parecesse, assegurando-se bem de que o senado sustentaria seus feitos e ações. Eis porque César disse que os cônsules, vendo-se armados do antigo decreto do senado que começava por estas palavras: "Que os cônsules e outros magistrados zelarão para que a República não sofra dano algum", de repente fazem leva de pessoas e de armas contra César. Porém, se o mais simples dos tribunos se opusesse ao senado, era preciso esvaziar a oposição perante o povo. Por esse motivo havia geralmente alguns tribunos na porta do senado, antes que a Lei Atínia lhes concedesse a entrada, aos quais se mostrava o decreto do senado para que consentissem e o autorizassem em nome do povo, apondo-lhe a letra T ou o dissenso com a palavra VETO, quer dizer, "impeço-o"[48]. Desse modo, o senado só agia por concessão do povo ou dos seus tribunos, que eram como espiões no senado e guardiões da liberdade

---

47 Gélio liv. 13 cap. 12.

48 Lívio liv. 6.

do povo, que sempre exerceram oposição desimpedida, a não ser que o povo por lei expressa a retirasse deles, como fez a pedido de C. Graco tribuno do povo[49], dando permissão ao senado para dispor das províncias consulares naquele ano, com proibição aos tribunos de opor-se apenas daquela vez, pois posteriormente o povo concedeu com frequência as províncias e governos sem obter nem o parecer nem a autoridade do senado[50]. Dizer que o senado dispunha das finanças é verdade, mas era por concessão e enquanto aprouvesse ao povo, como se pode ver pela Lei Semprônia, por meio da qual o povo ordenou que os soldados seriam vestidos com fundos da fazenda pública. Ora, aquele que só tem poder por concessão e de modo precário não tem poder, como dissemos acima. Assim, vê-se em caso semelhante que os *avogadours* de Veneza impedem amiúde as oposições do senado e do Conselho dos Dez e fazem com que o caso seja remetido ao Grande Conselho.

Mas ainda se pode dizer que, se o senado em conjunto e assembleia legítima não tivesse poder de comandar, não haveria diferença alguma entre os decretos do senado e o que se chamava de autoridade. Porém, acontece que, se houvesse menos de quatrocentos senadores segundo a ordenança de Augusto, que depois foram reduzidos a cinquenta, eles davam somente autoridade e tal não se chamava decreto[51]. O mesmo se pode ver na Lei Cornélia[52], publicada a pedido de um tribuno do povo, por meio da qual o senado foi proibido de continuar outorgando privilégios e dispensas se não houvesse pelo menos duzentos senadores. Portanto, seria preciso concluir que o senado com tal número tinha o poder de comandar. Eu digo que o decreto por sua natureza não implica comando algum, não mais que a sentença do juiz, se não estiver acompanhado da comissão. Ora, o senado nunca concedia nem podia conceder comissão nem mandamento. Portanto, ele não tinha poder de comandar. Mais ainda, qualquer decreto que o senado fizesse só ficava em vigor por um ano, como observou muito bem Dionísio de Halicarnasso[53], de modo que não eram perpétuos como escreveu Conan[54].

---

49 Salustiano, *Jugurta*; Cícero, *De provinciis consularibus.*

50 Cícero, *Pro Lege Manilia*; Apiano liv. 1; Lívio liv. 28.

51 Díon liv. 54.

52 Ascônio, *In Cornelianam.*

53 Liv. 9.

54 Liv. 1, capítulo sobre o *senatusconsultus.*

Como então, dirá alguém, o senado mandou trazer trezentos soldados cidadãos romanos, que restavam da legião que havia saqueado Rheges na Sicília quando estava em guarnição, e mandou vergastá-los e depois decapitá-los diante de todo o povo, sem levar em consideração as oposições dos tribunos nem os apelos dos condenados, que clamaram em voz alta que as leis sagradas estavam sendo espezinhadas. Para isso há uma resposta dupla: tratava-se de disciplina militar, que nesse caso não tinha nada em comum com as leis domésticas[55]; em segundo lugar, era de fato o parecer do senado, mas a execução se fez pelos magistrados, que não eram obrigados a obedecer ao senado se não quisessem. Sem mencionar a justa dor provocada por um gesto tão covarde e maldoso cometido em Rheges pelos soldados, que fazia cessar todo o poder das leis. Com frequência em casos semelhantes passava-se a contravenção às leis por tolerância[56]. É por isso que, frequentemente, os tribunos do povo impediam as empreitadas do senado. O próprio tribuno Cornélio mandou proibir o senado de fazer qualquer coisa que pertencesse à majestade do povo, o que Díon não teria escrito se o senado não tivesse realizado várias empreitadas sobre o estado. Eu sei que se alegará o dizer de outro jurisconsulto, *Senatum jus facere posse*, mas isso foi dito do poder do senado depois de receber jurisdição ordinária, como mostramos acima. Não obstante, os éditos dos mais simples magistrados, edis e tribunos e mesmo a autoridade privada dos jurisconsultos formava uma parte do direito e tinha força de lei, embora eles não tivessem nenhum poder nem comando.

Portanto, se o senado no estado popular não tem poder ordinário de comandar nem de fazer o que quer que seja a não ser por concessão, ele o teria muito menos no estado aristocrático ou na monarquia, e menos ainda na monarquia porque os Príncipes são mais ciumentos do seu estado que o povo. Por conseguinte, quando se diz que não era lícito apresentar requerimento ao povo, ou seja, aos grandes estados, sem obter o parecer do senado, coisa que não era necessária para apresentar requerimento ao povo miúdo, isso não impedia os magistrados, depois de terem obtido o parecer do senado contrário ao seu, de dirigir-se ao povo. A mesma resposta serve também para o que diz o historiador Josefo, que Moisés proibiu o rei de fazer qualquer coisa que tocasse ao público sem o parecer do senado e do pontífice (embora esse artigo

---

55 Políbio liv. 9; Lívio liv. 4.

56 Valério Máximo liv. 8; Apiano liv. 1.

não se encontre em lugar nenhum da lei). Daí não decorre que o rei fosse obrigado a seguir o parecer deles, apesar de chamar a si mesmo de primeiro senador e chefe do seu conselho, pois tais qualidades não diminuem em nada a majestade, ainda que ele chamasse os senadores de seus companheiros, ou de seus bons mestres e senhores, como Tibério, que chamava os senadores de *indulgentissimos dominos*, como lemos em Tácito. Não obstante, num decreto do senado relatado por Plínio o Jovem, lemos estas palavras: *Voluntati tamen Principis sui, cui in nulla re faz putaret repugnare, in hac quoque re obsequi.* Assim, os senadores, ou conselheiros de Estado, falando propriamente, não são nem oficiais nem comissários, e não têm outras cartas neste reino além de um simples alvará assinado pelo rei, sem selo nem lacre, que diz em três palavras que o rei lhes concede assento e voz deliberativa no conselho, enquanto lhe aprouver, e quando o rei morre eles precisam de outro alvará, exceto aqueles que, pela sua qualidade ou cargo neste reino, entram para o conselho.

A razão pela qual o senado não deve ter poder de comandar

A razão principal pela qual o senado de uma República não deve ter comando é que, se ele tiver poder de comandar aquilo que ele aconselha, a soberania pertenceria ao conselho, e os conselheiros de Estado, em vez de conselheiros, seriam senhores, pois teriam o manejo dos negócios e o poder de ordenar como quisessem, coisa que não se pode fazer sem diminuição, ou melhor dizendo, eversão da majestade, que é tão alta e tão sagrada que não cabe aos súditos, sejam quais forem, tocá-la nem de perto nem de longe. Por esse motivo, o Grande Conselho de Veneza, ao qual pertence a majestade do seu estado, vendo que os dez empreendiam acima do encargo a eles confiado, proibiu-os sob pena de lesa-majestade de comandar ou ordenar o que quer que fosse, e até mesmo de escrever cartas, que eles chamam definitivas; ao contrário, deveriam recorrer à senhoria até que o Grande Conselho fosse reunido. Pelo mesmo motivo o Grande Conselho ordenou que os seis conselheiros de Estado que auxiliam o duque só ficariam dois meses no cargo, a fim de que o costume de comandar não lhes desse vontade de continuar e aspirar mais alto.

Todavia, se meus conselhos tivessem peso, eu não seria da opinião de que se mudasse a toda hora os conselheiros de Estado, mas antes que fossem perpétuos, como eram em Roma, na Lacedemônia, em Farsália e atualmente em Genebra. Pois a mudança anual que se fazia em Atenas, e atualmente em Veneza, Ragusa, Lucca, Gênova, Nuremberg e em várias outras cidades da Alemanha, não somente obscurece muito o esplendor do senado, que deve reluzir como um sol, mas também acarreta o perigo inevitável de divulgar e publicar os segredos do Estado. Acrescente-se que um senado novo em folha não pode estar informado dos assuntos passados, nem continuar o andamento dos negócios encetados. Foi por essa causa que os florentinos ordenaram, a pedido do gonfaloneiro Piero Soderini, que o senado de 80 seria renovável de seis em seis meses, exceção feita daqueles que haviam sido gonfaloneiros, para informar o novo senado dos negócios. A mesma ordenança foi feita em Gênova para aqueles que haviam sido duques ou síndicos. Nisso os ragusanos organizaram seu senado melhor que os venezianos, pois em Veneza o senado é renovado a cada ano por inteiro, mas em Ragusa os senadores, que só ficam um ano no cargo, são renovados uns depois dos outros, e não todos num mesmo ano. Portanto, é mais seguro que os senadores ocupem o cargo perpetuamente, ou pelo menos os senadores do conselho particular, como era o dos areopagitas.

Já que falamos do senado, a ordem exige que falemos dos outros oficiais e comissários.

Capítulo II

Dos oficiais e comissários

Diferença entre os oficiais e comissários

O oficial é a pessoa pública que tem um cargo ordinário limitado por um édito. O comissário é a pessoa pública que tem um cargo extraordinário limitado por uma simples comissão. Há duas espécies de oficiais e de comissários: uns têm poder de comandar e são chamados magistrados, os outros de conhecer ou executar os mandamentos. Todos são pessoas públicas, mas nem todas as pessoas públicas são oficiais ou comissários, como os pontífices, bispos, ministros, que são pessoas públicas e beneficiários, mas não oficiais. Não se deve misturá-los[57], visto que uns são estabelecidos para as coisas divinas e os outros para as coisas humanas, que não devem ser confundidas. Acrescente-se que o estabelecimento daqueles que são empregados nas coisas divinas não depende dos éditos nem das leis políticas, como o dos oficiais. Vejamos, portanto, se as definições que postulei estão corretas, antes de entrar na divisão dos oficiais, até porque não há ninguém, nem entre os

---

57 Aristóteles liv. 4 cap. 15.

jurisconsultos nem entre aqueles que trataram do fato da República, que tenha dito efetivamente o que é um oficial, um comissário ou um magistrado, e todavia é coisa muito necessária de ser compreendida, já que o oficial é uma das partes principais da República, que não pode existir sem oficiais ou comissários. E como as Repúblicas serviram-se primeiramente de comissários que de oficiais, como diremos abaixo, é preciso falar em primeiro lugar dos comissários e da diferença entre eles e os oficiais.

Aristóteles diz[58] que o magistrado é aquele que tem voz deliberativa no senado e em juízo, e que tem poder de comandar. Ele chama o magistrado de ἀρχήν, que só é próprio daqueles que têm poder de comandar, e não dos oficiais servis, como meirinhos, sargentos, arautos e notários, que ele coloca no nível dos magistrados e que não têm nenhum poder de comandar, de modo que sua definição permanece equivocada nesse ponto. É coisa ainda mais absurda dizer que não é magistrado aquele que não tem entrada no conselho privado, voz deliberativa ou poder de julgamento. Se assim fosse, não haveria ou haveria muito poucos magistrados em todas as Repúblicas, haja vista que há tão poucos conselheiros no conselho privado das Repúblicas bem ordenadas, e entre eles não há um que tenha voz deliberativa senão por comissão; e ainda que tenham voz deliberativa, eles não têm comando, como dissemos acima. Quanto aos jurisconsultos, há poucos deles que abordaram esse ponto, e até o doutor Gouvean[59] confessa que a definição do magistrado sempre lhe pareceu difícil, e de fato a sua fracassou, pois ele diz que magistrado é aquele a quem o Príncipe deu algum encargo. Dessa forma, todos os comissários seriam magistrados, mas o doutor Cujácio, no primeiro capítulo das suas notas, diz que dará três definições no lugar de uma, além da de Aristóteles, a saber: magistrado é uma pessoa pública que preside em justiça, ou que conhece na sede da justiça, ou então que tem jurisdição e julgamento público, de modo que ele totaliza quatro definições junto com a de Aristóteles.

Ora, vai diretamente contra as máximas de todos os filósofos e contra os princípios da dialética[60] que se possa dar mais de uma definição para uma coisa, o que é impossível por natureza. E se se quiser dizer que várias descrições podem ser dadas para uma mesma coisa, isso é verdade, mas cem descrições

---

58 Liv. 4.

59 No segundo livro sobre a jurisdição.

60 Aristóteles, *Tópica* liv. 9.

não poderiam esclarecer a essência nem a natureza da coisa. Contudo, o erro, em termos de direito, é mais notável, como também ocorre em matéria de magistrados e oficiais, que é a abertura do direito pela qual os jurisconsultos começam. Pois a principal marca do magistrado, que é comandar, está ausente, e todos os suplentes de magistrados conhecem e presidem em justiça e na sede da justiça, porém não são magistrados. Os bispos, por sua vez, têm julgamento público e sede e conhecimento na justiça, como os antigos pontífices e os cádis no Oriente, e todavia não são magistrados, visto que não têm nenhum poder de comandar, nem de mandar comparecer diante de si, nem de encarcerar, nem de executar seus julgamentos. Por isso eles não têm nem suplente nem oficial que possam comandar, não mais do que os cádis e paracádis da Turquia e os antigos pontífices de Roma; tudo isso é notório. E aliás, tem poder de comandar quem não tem jurisdição nem conhecimento de causa, como diremos logo adiante. E além do mais, os comissários das causas públicas extraordinárias deputados antigamente pelo povo romano, que a lei chama de *Quaestores parricidii*, tinham como hoje em dia os comissários deputados pelo Príncipe poder de conhecer, presidir em justiça, julgar, comandar e obrigar, e todavia não eram magistrados. Se assim for, nenhuma das três definições se sustenta. Não obstante, há outro erro, o de não ter distinguido os magistrados dos outros oficiais, nem feito nenhuma diferença entre o oficial e o comissário. Charles Sigon, que parece ter pesquisado com mais afinco a definição do magistrado[61], fracassou de diversas maneiras, pois chama de magistrado todos aqueles que têm cargo público das coisas humanas, sem fazer diferença alguma entre os oficiais e os comissários, nem entre os magistrados e os outros oficiais que também têm cargos públicos. Depois ele confere a todos os magistrados poder de julgar, comandar, executar e atentar para o voo dos pássaros.

Ora, é preciso que a definição do magistrado convenha a todas as Repúblicas. Eu disse que o oficial é uma pessoa pública, o que não está posto em dúvida, pois a diferença entre o particular e o oficial é que um tem cargo público e o outro não. Disse cargo ordinário para diferenciar dos comissários, que tem cargo público extraordinário, de acordo com a ocasião que se apresenta, como antigamente o ditador e os comissários para informar sobre os crimes, nomeados pelo povo a pedido dos magistrados. Disse limitado por édito para a instituição dos cargos públicos ordinários, erigidos a título de

---

61 *De antiquo jure provinciarum* liv. 3 cap. 5.

ofício; de outro modo, não é ofício se não houver édito ou lei expressa. Isso sempre foi observado nas antigas Repúblicas dos gregos e latinos, e hoje em dia melhor do que nunca. Para esse fim os Príncipes mandam publicar nas Cortes soberanas e subalternas seus éditos sobre os ofícios mais simples, e neste reino as cartas dos ofícios recém erigidos são seladas com cera verde e laços de seda verde e vermelha, com estilo diferente ("A todos presentes e por vir" etc.), e valem perpetuamente, enquanto as cartas-patentes das comissões levam cera amarela com simples cauda de pergaminho e nunca têm validade perpétua.

Éditos e leis exigidos para a instituição dos ofícios

Embora todos os corpos e colégios sejam outorgados pelo Príncipe com encargos limitados à perpetuidade, como já disse, se o rei quiser aumentar o número do corpo e colégio dos juízes ou de outros magistrados, ou até dos mais simples sargentos, pregoeiros, arautos, agrimensores, guardadores etc. é preciso um édito expresso que seja publicado, verificado e registrado, e de fato todos os registros da justiça estão cheios deles. Quando digo validade perpétua, isso se entende tanto dos oficiais que são anuais quanto daqueles que têm cargo vitalício, pois o ofício sempre permanece uma vez que foi erigido por édito, seja qual for o prazo pelo qual foi prescrito ao oficial, até que seja cassado por lei ou édito contrário. E isso acontece mesmo que o ofício seja por dezoito meses, como a censura; ou por um ano, como eram todos os outros ofícios em Roma segundo a Lei Villia[62]; ou por seis meses, como eram os senadores de Florença quando o estado era popular; ou por dois meses, como os seis conselheiros da senhoria que auxiliam o doge de Veneza; ou por um dia, como os capitães das duas fortalezas de Ragusa, trocados a cada dia. Porém, seja qual for a forma pela qual os ofícios são erigidos para serem cargos ordinários e públicos, isso não pode ser feito sem lei. Não que haja necessidade de pergaminho para escrever, ou de cera verde para selar, ou de magistrados para publicar os éditos referentes à instituição dos ofícios, pois a escritura, o selo, a verificação não fazem a lei, não mais do que os outros atos e contratos. Ao contrário, nunca houve leis mais fortes nem mais respeitadas que as dos lacedemônios, que Licurgo proibiu que fossem escritas[63], e por

---

62 Lívio liv. 40.

63 Plutarco.

esse motivo eram chamadas de *rhetres*. Os atenienses tinham alguma forma de apresentar o requerimento ao povo, e se o povo o recebesse ele passava com força de lei, que habitualmente era gravada em bronze e fixada a um pilar. Assim, quando se tratou de instituir em Atenas cem novos senadores das duas novas linhagens, a saber da antigonida e da demetríada, a lei foi publicada para o povo[64]. É o que se fazia na instituição de todos os outros ofícios, como se pode ver em Tucídides, Plutarco e Demóstenes. Faremos o mesmo julgamento dos magistrados romanos, como a instituição de dois cônsules a título de ofício foi feita pela Lei Júnia[65], e a instituição dos tribunos pela Lei Duília[66]. E quando se tratou de nomear cônsul um plebeu, isso se fez pela Lei Licínia[67]. Depois pela Lei Sextia[68] foi decidido que haveria um pretor para dispensar a justiça em Roma, e pela Lei Cornélia quatro pretores para as causas públicas e criminais, além daqueles já instituídos, o que já havia sido feito pela Lei Baebia[69], mas só era a cada dois anos e não nesse número. Assim se pode ver com todos os outros magistrados instituídos pelos imperadores que sempre havia um édito expresso, por meio do qual o tempo, local e encargo ordinário são limitados, como no primeiro e no décimo segundo livros do Código e nos éditos de Justiniano, nos quais cada magistrado tem seu édito particular.

Também coloquei na nossa definição a expressão "cargo ordinário" porque os mandamentos do povo romano outorgados pelas comissões e encargos extraordinários também eram chamados pelo nome de lei, como os ofícios ordinários, e o encargo, o tempo e o local eram limitados pela comissão. Assim se pode ver nas comissões outorgadas aos ditadores, que eram feitas às vezes por ordenança do povo, como mostrei acima. A comissão outorgada a Pompeu por cinco anos para pôr fim à guerra pirática e obter o domínio sobre todas as costas e cidades marítimas do mar Mediterrâneo lhe foi outorgada pela Lei Gabínia, e a comissão para fazer a guerra ao rei Mitridates lhe foi concedida pela Lei Manília. No entanto, eram apenas cargos extraordinários que não podem ser chamados de ofícios, pois estes são ordinários e têm validade

---

[64] Plutarco, *Demétrio*.

[65] Dionísio liv. 4; Lívio liv. 2.

[66] Dionísio liv. 10; Lívio liv. 3.

[67] Lívio liv. 6.

[68] Lívio liv. 6.

[69] Lívio liv. 40; Festo liv. 16.

perpétua. Cabe notar que o tempo foi limitado a cinco anos no máximo, a pedido de Catulo, para que, dentro desse prazo, Pompeu pusesse fim à guerra e não a fizesse durar para permanecer sempre no cargo; se a guerra acabasse antes, sua comissão expirava. Pela mesma razão, a comissão dos ditadores era limitada a seis meses no máximo, e se eles se desincumbissem antes de seu encargo a comissão expirava. Foi o que mostramos acima com diversos exemplos, que houve ditadores que só ficaram no cargo um mês, oito dias, um dia. É o que se pode ver na ditadura de Emílio Mamerco[70], que se demitiu voluntariamente e deixou seu cargo no dia seguinte àquele em que foi eleito ditador, tendo cumprido sua comissão.

De outro modo, a natureza das comissões é tal que não comporta nem tempo, nem local, nem encargo que não se possa revogar, e não ocorre quase nunca que o tempo seja limitado nas monarquias, como se faz nos estados populares e aristocráticos, devido ao temor que se tem que a comissão com grande poder acarrete uma opressão da liberdade. Foi o que aconteceu com os dez comissários deputados pelo povo romano para corrigir os costumes antigos e selecionar as leis mais úteis: sua comissão, que não devia passar de um ano, ao expirar foi prorrogada pelo povo com poder absoluto, e todos os magistrados foram suspensos durante a comissão; isso lhes deu a oportunidade de usurpar o estado e mantê-lo no terceiro ano pela força. Por isso, desde então o povo instituiu os ofícios dos tribunos do povo, guardiões da liberdade, para permanecer sempre em seu ofício, embora todos os outros magistrados fossem suspensos pela comissão do ditador. Os florentinos não remediaram essa falha, pois nomeavam dez comissários a cada quatro, cinco ou seis anos, com poder absoluto e suspensão de todos os magistrados, sem prefixar um prazo para ordenar a República e corrigir os abusos. Por esse meio os facciosos ocuparam de fato o estado, ainda que aparentemente fingissem despojar-se dele, pois a suspensão de todos os magistrados dá poder infinito aos comissários e não pode ser feita sem perigo, a não ser na monarquia. Foi o que ocorreu neste reino durante a regência de Carlos V, que deputou cinquenta comissários reformadores em todo o reino a pedido dos estados que estavam então reunidos em Paris, para ser por eles informado dos abusos dos oficiais, que foram todos suspensos.

---

[70] Lívio liv. 6.

Para compreender mais facilmente a diferença entre ofício e comissão, pode-se dizer apenas que o ofício é como coisa emprestada que o proprietário não pode pedir antes que o prazo prefixado expire, e a comissão é como uma coisa que se tem por concessão e de modo precário, que o senhor pode pedir quando bem lhe parecer. Eis porque Tácito disse[71], ao falar do império de Galba, que só durou três meses – e se não o houvessem matado logo, ele teria sucumbido à sua extrema velhice –, que ele detinha o Império por forma de comissão: *Precarium seni imperium et brevi transiturum*. Mas a comissão é de tal natureza que expira tão logo o encargo é executado, ainda que não seja revogada ou que o prazo atribuído fosse mais longo que a execução, e todavia pode ser revogada a qualquer momento e quantas vezes aprouver àquele que a concedeu, esteja a coisa completa ou não, como mostramos acima com o exemplo dos ditadores. A esse respeito há um antigo decreto do Parlamento de Paris, extraído do registro cotado OLIM, expedido contra os meirinhos enviados aos grandes dias de Troye, os quais não faziam parte do corpo da Corte; não obstante, uma vez expirada a comissão dos grandes dias, eles se faziam passar por meirinhos; foi dito por decreto que eles não eram oficiais.

Diferendo entre Ésquines e Demóstenes

Continuo a falar deste ponto, que parece (talvez) não ter dificuldades para alguns que são exercitados em negócios (pois quanto aos jurisconsultos, que não saem das escolas, eles são desculpáveis). E mesmo assim, os dois maiores oradores de seu tempo, a saber, Ésquines e Demóstenes, baseavam em parte o estado de suas arengas e discursos neste ponto. Pois Ctesifon, tendo apresentado requerimento ao povo de que lhe agradaria coroar Demóstenes em pleno teatro com uma coroa de ouro, pelos seus méritos em relação à República, e também por ter se ocupado da fortificação das muralhas e outros lugares fortificados da cidade de Atenas, Ésquines opôs-se ao atendimento do pedido, e como causas de sua oposição mencionou que, segundo as ordenanças, era preciso anteriormente prestar contas ao povo, como todos os magistrados eram obrigados a fazer. Demóstenes, tendo assumido a causa, respondeu que a ordenança falava apenas dos magistrados e que o encargo de fortificar e reparar as muralhas não era magistratura, mas somente simples comissão,

---

71 Liv. 17.

que ele chama no seu vernáculo de οὐκ ἀρχων εἰναι, ἀλλ´ἐπιμέλείαν τινα καὶ διακονίαν, o que os latinos propriamente chamam de *Curatio*, quer dizer, "comissão". Não devemos nos espantar se Demóstenes soube bem distinguir e mostrar a diferença entre comissão e ofício, o que Aristóteles confundiu totalmente. Isso porque um sempre tinha manejado os negócios, e o outro, diz Laércio, nunca havia lidado com eles. Eis porque Nicolas Grouche e Charles Sigon, por não terem entendido a diferença entre ofício e comissão, esforçaram-se muito com réplicas e tréplicas sem chegar numa resolução.

Porém, espero que tudo ficará bem esclarecido para quem tiver lido este livro. Nas leis de Carlos Magno os comissários são chamados de *Missi a mittendo*, que significa enviar, o que os alemães chamam de *Skaken*, palavra da qual veio *Eschikier*, que é o local onde os comissários dispensam a justiça, ou seja, a Corte dos comissários, pois os juízes que eram enviados para julgar nada eram além de comissários. Aqui, talvez, dirá alguém que os comissários do Châtelet e dos requerimentos do palácio são oficiais; então como pode ser que o ofício e a comissão não sejam uma mesma coisa? A isso respondo que, antigamente, eram simples comissões que, desde então, pela utilidade que delas resultava, foram erigidas a título de ofícios ordinários e perpétuos, permanecendo, no entanto, o nome primitivo de comissários por abuso ou para a honra da Corte que conhecia as apelações interpostas dos julgamentos dos mesmos e que lhes remetia antigamente o conhecimento que têm hoje em dia. Pois, se ainda fossem apenas simples comissários da Corte, ela poderia revogá-los, o que o próprio rei não pode fazer, a não ser nos três casos da ordenança de Luís XI, como todos os oficiais deste reino. Não que a comissão seja incompatível com o ofício, pois a maioria das comissões são destinadas somente aos magistrados, mas o oficial não pode ser comissário na qualidade de oficial para o mesmo encargo limitado pelo seu ofício. Pois as comissões que chamamos excitativas, destinadas aos oficiais para aquilo que pertence ao seu ofício, não são propriamente comissões se o prazo ou o local for alterado pela comissão; por exemplo, julgar os últimos processos e deixar de lado os primeiros, porque o prazo e a ordem contidos nos éditos foram alterados por autoridade do Príncipe ou do magistrado, é um caso de comissão.

Ora, a diferença é tão notável que os jurisconsultos sustentam que, se o oficial julgou o fato contido na sua comissão na qualidade de oficial, o julgamento é nulo. Mas isso se entende de coisa que não competia ao seu ofício, pois, se há concorrência da comissão excitativa com o encargo contido na instituição do ofício, o conhecimento ordinário é preferível à comissão, assim como a qualidade de oficial é preferível à de comissário e os atos dos oficiais mais assegurados que os dos comissários. Por conseguinte, numa tal concorrência, se o oficial comissionado para coisa que pertence ao seu cargo não declarou em qual qualidade conhecia o caso, o ato será tomado como do oficial, a fim de que seja mais firme e mais estável. Acrescente-se que as comissões e encargos extraordinários são odiosos, a não ser para conhecer os abusos dos oficiais, como se faz em Veneza de cinco em cinco anos e em Gênova todos os anos, onde os síndicos são deputados comissários para conhecer os abusos cometidos pelos magistrados e oficiais (o que antigamente em Atenas era atribuído a certos magistrados ordinários); ou para decidir os processos que se multiplicam durante as guerras civis, como fez o imperador Vespasiano, como diz Suetônio; ou então para conhecer as coisas relativas à maioria dos oficiais, ou a todo um corpo e colégio; nesses casos, as comissões são necessárias. Lembro-me que o rei Carlos IX, tendo expedido suas cartas-patentes no ano de 1570 para a reforma geral das águas e florestas da Normandia, que implicava o conhecimento da parte mais bela do seu reino, os presidentes e conselheiros do Parlamento de Rouen foram proibidos de conhecê-la. Embora movessem céu e terra para impedir a proibição, enfim concordaram com ela, depois que eu lhes apresentei as ordens reiteradas e que movi processo contra 22 conselheiros, e à parte contra o primeiro presidente, pelos casos resultantes da comissão, e contra todo o corpo da cidade de Rouen pelos direitos que eles pretendiam contra o rei, e que era a causa pela qual eu havia obtido a proibição.

Todas as espécies de comissão

Porém, para esclarecer brevemente todas as espécies de comissários, seja para o governo das províncias, ou para a guerra, ou para a justiça, ou para as finanças, ou para outra coisa relativa ao estado, diremos que as comissões emanam do Príncipe soberano, ou dos magistrados, ou dos comissários deputados pelo soberano. Os comissários deputados são selecionados dentre os oficiais ou particulares. Se a comissão é destinada aos oficiais, ou é coisa que lhes é atribuída pela instituição do seu ofício, ou é coisa que não lhes pertence. De qualquer modo, ou ao oficial, ou ao particular, a comissão é concedida para conhecer e passar por cima da apelação, ou para deferir a apelação devolvida ao Príncipe soberano, se a comissão emana dele, ou aos magistrados nomeados pela comissão. Ou então o comissário é delegado por aquele que o soberano deputou, como é permitido às vezes pela comissão, para a instrução dos negócios ou dos processos, até a sentença definitiva exclusivamente, ou inclusivamente, salvo a execução se for chamado a isso. Ou então os comissários são estabelecidos pelos magistrados para conhecer o fato ou o direito, ou um e outro juntos, sem nenhum poder de comandar ou com poder e comando. Essa divisão se refere a todos os comissários qualquer que seja a forma da República.

Isso pode ser visto no estado dos romanos, onde o fato da guerra e o governo dos países e províncias recém conquistados competia aos magistrados e oficiais ordinários, a saber aos cônsules, pretores e questores. Mas quando o Império dos romanos se estendeu para fora da Itália, então se começou a deputar os comissários para governar as províncias em vez dos magistrados ordinários, e aqueles eram chamados de procônsules, propretores e proquestores, quer dizer, representantes ou lugares-tenentes dos cônsules, pretores e questores. É o que se pode ver em Tito Lívio[72], que, ao falar de Fílon, que foi o primeiro procônsul, diz: *Actum cum Tribunisplebis est ad populum ferrent, ut cum Philo consulatu abiisset, pro Consule rem gereret.* Tais comissões eram, no mais das vezes, outorgadas pelo senado por concessão do povo àqueles que tinham deixado os seus ofícios, os quais se punham de acordo para o governo das províncias ou, se não podiam pôr-se de acordo, recorriam ao sorteio. Por isso diziam: *Comparare inter se, aut sortiri*, se não fosse o caso de que o cargo e comissão fosse de tal importância que merecesse ser concedido sem sorteio a algum grande capitão que o senado nomeasse. Quando havia disputas e facções, o povo outorgava a comissão a pedido dos tribunos, como foi feito com Cipião Africano, a quem o povo outorgou a comissão para fazer a guerra na Espanha e na África, e por esse meio fazer com que os inimigos deixassem a Itália. Comissão semelhante foi outorgada ao capitão Paulo Emílio, sem sorteio, para fazer a guerra contra Perseu rei da Macedônia, e a Pompeu contra os piratas e contra Mitridates.

---

[72] Liv. 9.

O povo podia nomear quem bem quisesse, embora se tivesse feito o sorteio, o que não ocorria com frequência, pois geralmente se sorteava aqueles que no ano anterior haviam sido cônsules, pretores e questores. Quando o encargo de fazer a guerra a Mitridates recaiu por sorteio a Sula, Mário subordinou um tribuno do povo para roubá-lo de Sula, a fim de que ele vencesse; essa foi a causa da mais cruel e sangrenta guerra civil que já houve em Roma. Em caso semelhante, para o fato da justiça, quando se tratava de algum caso enorme, o povo outorgava a comissão ao senado e o senado indicava alguns do seu corpo, não somente para a instrução, mas também para fazer e perfazer o processo, como se fez com o pretor L. Tubullus juiz dos assassinatos, que havia cometido tantas concussões que o povo, abandonando a via ordinária e os magistrados aos quais competia o conhecimento, remeteu todo o processo ao senado por comissão extraordinária, e o senado deputou Cneu Cipião para julgá-lo[73]. Do mesmo modo, quando se tratou dos portes de armas e assassinatos ocorridos entre os habitantes de Nocer e os pompeanos, o imperador Nero deu a comissão ao senado e o senado deputou os cônsules[74]. Às vezes, o senado, sem comissão do povo e como por ato soberano, nomeava comissários se o caso de que se tratava havia sido cometido na Itália fora do território de Roma, por ser coisa que competia privativamente ao senado, como diz Políbio[75], tal como aconteceu com um roubo estranho e assassinato cruel de que fala Cícero no livro dos nobres oradores, no qual ele diz que o senado deputou os cônsules para conhecer o caso.

Ora, fica claro pelos exemplos mencionados acima que os comissários deputados pelo soberano, sejam eles magistrados ou particulares, podem delegar, se não for expressamente proibido pela comissão, quando se tratar do estado na comissão, como os embaixadores ou deputados para negociar a paz, aliança ou outra coisa semelhante, ou quando se tratar da vida ou da honra de alguém, que é o caso de Papiniano. Depois disso o imperador Justiniano ordenou sob forma de édito perpétuo que os comissários deputados pelo soberano só poderiam delegar a instrução dos processos e que conheceriam o fato se fossem chamados para isso. Porém, para obviar tudo, o mais seguro é regular os comissários pela comissão, como se faz nas Repúblicas bem

---

[73] Cícero, *De finibus* liv. 2.

[74] Tácito liv. 14.

[75] *De militari ac domestica Romae disciplina.*

estabelecidas. E embora se possa fazer muitas perguntas sobre as comissões concedidas tanto pelo Príncipe soberano quanto pelos magistrados, todavia só abordarei duas ou três que precisam ser entendidas por aqueles que têm o manejo dos negócios, seja na guerra ou na paz.

Portanto, deixando de lado todas as disputas para abreviar, diremos que a comissão cessa se aquele que a outorgou morre, ou se ele revoga a comissão, ou se o comissário, durante sua comissão, obtém um ofício ou magistratura igual àquele concedido pela comissão. Ora, a revogação expressa, contida nas cartas do Príncipe, diz respeito tanto aos ignorantes como àqueles que são entendidos. Apesar disso, os atos do comissário que é assim revogado, realizados antes da comunicação feita a ele, continuam valendo no que tange aos particulares com relação aos quais o comissário executou sua comissão, e mesmo se estes procederam voluntariamente, sabendo que a comissão havia sido revogada. Todavia, com relação aos outros, os atos do comissário depois da revogação não têm validade, por força do direito. Não obstante, a razão equitativa quer que eles sejam mantidos até que os destinatários tenham sido informados da revogação. Pois assim como o comissário não tem poder até que receba e aceite a comissão, assim também a comissão dura se a revogação não for comunicada, ou pelo menos até que o comissário saiba que ela foi revogada. Eis porque Celso dizia que os atos do governador de província são bons e válidos se o comissário não souber que foi revogado, embora o papa Inocêncio fosse da opinião que isso não acontece quando se trata da honra ou da vida, e nisso tenha sido seguido por muitos, ainda que tenha mudado de opinião. Embora fosse papa e Príncipe soberano, além de sábio jurisconsulto, declarou que não queria que se detivessem naquilo que ele tinha escrito se não houvesse razão boa e válida para isso. Contudo, para suprimir essas dificuldades antigas, os secretários de Estado têm o hábito de apor às comissões, e a quase todos os mandamentos e cartas-patentes, esta cláusula, A PARTIR DO DIA DA COMUNICAÇÃO DA PRESENTE, que é e deve ser entendida ainda que seja omitida. Eis o que se devia dizer quanto à revogação expressa.

A comissão também termina com a morte daquele que a outorgou, seja ele Príncipe ou magistrado, à condição, no entanto, que a coisa tenha sido completada. De outro modo, o comissário pode continuar o que começou sem fraude, pois, embora o comissário não tenha sido informado da morte do

Príncipe por comunicação expressa, se ele tiver tomado conhecimento dela estando as coisas completas ele nada pode empreender. Quando digo que a coisa não está inteira, entende-se que não se pode deixá-la assim sem prejuízo para o público ou os particulares, como em matéria de justiça, se as partes contestaram, a coisa não está mais inteira, e os comissários podem e devem terminar o que começaram, tenham eles sido instituídos pelo Príncipe ou pelo magistrado; ou em termos de guerra, se a batalha estiver cerrada diante do inimigo e a retirada não puder ser feita sem perigo evidente, o capitão-em-chefe não deixará de livrar batalha depois de ter recebido notícia da morte do Príncipe. Todavia, as comissões emanadas do Príncipe ou cartas de comando são diferentes das outras cartas reais chamadas cartas de justiça, pois estas permanecem em vigor e virtude, enquanto os mandamentos expiram após a morte do Príncipe. Não obstante, o novo Príncipe pode considerar adequado ratificar (como frequentemente se faz) os atos daqueles que continuaram a coisa inteira depois da morte do seu predecessor, o que os magistrados não podem fazer com relação aos comissários indicados por eles, pois as ratificações em termo de justiça nunca são recebíveis.

Ora, o que dissemos dos comissários não se aplica com relação aos oficiais, pois seu poder não acaba com a morte do Príncipe, ainda que seja mantido em suspenso até que recebam cartas do novo Príncipe ou confirmação deste último para continuar em seus ofícios. Por esse motivo o Parlamento de Paris, após a morte do rei Luís XI, ordenou que os oficiais continuariam em seus cargos, como haviam feito antes, no aguardo da resposta do novo rei, de acordo com uma antiga sentença proferida no mês de outubro de 1381 em caso semelhante.

Decretos diferentes dos Parlamentos de Paris e de Toulouse

O Parlamento de Toulouse, após a morte de Carlos VII, ordenou de modo diverso do Parlamento de Paris, a saber que não se concederia audiência nem sentença até que se tivesse carta do novo rei. Não obstante, se surgissem casos a tratar, a Corte procederia por cartas e comissões intituladas "As pessoas reunidas no Parlamento Real de Toulouse", com o selo da Corte, sem menção ao rei. Mas como o rei que acede por direito sucessório faz uso de sua majestade antes de ser sagrado, como foi julgado por sentença do Parlamento de Paris em 19 de abril de 1498, não cabe aos oficiais, nem aos Parlamentos, nem ao senado proceder em outra qualidade que não seja a de oficiais do rei, e sob o poder do mesmo, o que eles poderiam fazer se o reino fosse eletivo, como se faz na Polônia e na Dinamarca. Todavia, é notório que as comissões e os cargos de comissários expiram após a morte do Príncipe, quer ele aceda por direito de eleição, quer de sucessão. Muitos se debruçaram sobre isso para procurar a razão, e enfim se decidiram e concordaram neste ponto, que é porque os ofícios são favoráveis e as comissões odiosas; ou então porque a via ordinária, como eles dizem, é favorável, e a via extraordinária, odiosa, e só pode ser usada ou para a punição dos crimes, que é no mais das vezes extraordinária e a mais favorável, ou em favor das pessoas, ou dos fatos que merecem que se use a via extraordinária. Outros pensaram que é porque o Príncipe não morre, o que refutamos acima. Acrescente-se que isso não pode ocorrer nos reinos que são providos por eleição, embora antigamente, neste próprio reino, o Príncipe não fosse chamado rei antes de ser sagrado, como observou Du Tillet. Além disso, se tal razão fosse aceita, seguir-se-ia nas Repúblicas populares e aristocráticas que as comissões seriam perpétuas, pois nem o povo nem o conjunto dos senhores nunca morrem, a não ser que fossem exterminados repentinamente.

Mas a razão dessa diversidade provém do fato que os ofícios são perpétuos, ou pelo menos sempre têm um prazo limitado, e são fundados num édito com poder de continuar o encargo, enquanto as comissões cessam uma vez executado o encargo e não têm apoio nenhum em lei, como dissemos. Pois quanto à sentença do Parlamento de Paris datada de 6 de outubro de 1381 pela qual foi dito que os mandamentos reais têm o mesmo efeito tanto depois como antes da morte do rei, isso se aplica se a execução do encargo tiver começado. Por conseguinte, quando o ofício é anual, se o Príncipe morrer antes do final do ano, mesmo assim o oficial terminará o ano do seu ofício; se for perpétuo, ele continuará por tanto tempo quanto a lei lhe permitir. Isso porque o ofício não depende de um simples mandamento revogável, ou de um cargo que não pode recomeçar, mas está apoiado sobre uma lei aprovada, publicada, verificada, registrada. Desse modo, o ofício só pode ser suprimido por édito ou lei contrária, como quando se tratou de suprimir os tribunos militares, que tinham poder consular, o que foi feito pela Lei Licínia; e quando o quinto e o sexto presidentes do Parlamento de Paris foram suprimidos no ano de 1544, isso foi feito por édito expresso, como se pode ver nos registros feitos no tempo do rei Francisco, livro V folha XCV verso, e por éditos particulares na folha XCIX, assim como por édito geral feito por Carlos IX a pedido dos estados de Orléans em 1560 todos os ofícios erigidos desde a morte do rei Francisco foram suprimidos. Às vezes um grande número de oficiais é erigido de repente, como pelo édito publicado no Parlamento no mês de abril de 1544 foram erigidos sessenta sargentos, e os juízes criminais foram erigidos em todo o reino por édito do ano de 1527. Isso é tão estreitamente observado no reino da França que até mesmo os escreventes do cartório do Parlamento foram erigidos a título de ofício por édito expresso, e depois suprimidos por outro édito a rogo do tabelião-chefe no mês de maio de 1544. Além do mais, encontra-se nos registros do Parlamento de Paris instituição a título de ofício de um guardador de leitões por édito expresso, verificado no mês de julho do mesmo ano. Assim, os sucessores no ofício erigido por édito não precisam mais de um novo édito, nem de carta com cera verde. Por esse motivo, as comissões do Príncipe dirigidas aos oficiais na qualidade de oficiais se transmitem aos seus sucessores, o que não se poderia fazer se a comissão se dirigisse no seu nome próprio e privado, pela escolha específica que se fizesse das pessoas.

Ainda há outras diferenças entre o oficial e o comissário, como o poder dos oficiais, que, além de ser ordinário, é sempre mais autorizado e mais extenso do que a comissão. É por isso que os éditos e ordenanças deixam muitas coisas a cargo da religião e à discrição dos magistrados, que vergam e interpretam equanimemente as leis segundo a ocorrência e a exigência dos casos que se apresentam. Mas os comissários, ao contrário, são obrigados e vinculados aos termos das suas comissões. O mesmo ocorre quando se trata dos negócios de Estado, como nos cargos e comissões dos embaixadores ou daqueles deputados para negociar entre os Príncipes: os comissários não podem desviar uma única linha da tarefa que receberam por escrito se esta cláusula (que se coloca amiúde nos cargos e instruções dos embaixadores e daqueles deputados para tratar com os Príncipes) não estiver aposta, a saber, SEGUNDO AS PESSOAS. Nesse caso, de acordo com as matérias dispostas, ele poderá aumentar ou diminuir seu encargo segundo sua prudência e discrição. Tal cláusula é semelhante àquela da qual fala o orador Ésquines na arenga que fez para a defesa de sua legação, na qual ele diz que esta cláusula inserida na comissão dos embaixadores, "Que façam tudo o que entenderem ser em proveito público", não se estende aos cargos especiais. Tampouco a cláusula de que falei se estende às obrigações e resoluções principais dos tratados, mas somente aos acessórios de menor importância. Se for preciso transigir ou abandonar algum direito, eles não podem fazê-lo sem mandamento especial, visto que, mesmo nos negócios mais simples dos particulares, um procurador dotado de mandamento geral, com pleno e inteiro poder, nada pode dar, ceder, alienar, transigir nem deferir, nem referir o juramento a alguém, sem cargo especial. Muito menos se pode fazê-lo nas coisas que dizem respeito ao público ou que concernem ao Estado. No entanto, se ele ultrapassar seu encargo tudo pode ser confirmado por ratificação, com relação apenas àquele que ratifica.

Embora, nos negócios dos particulares, pode-se dizer que executou bem e devidamente seu encargo aquele que fez melhor do que lhe haviam dito, nos negócios de Estado isso nem sempre ocorre. O soldado que combateu ou o capitão que travou batalha contra a proibição imposta a ele merecem a morte, ainda que tenha obtido a vitória, como deixou claro o ditador Papírio Cursor ao coronel da cavalaria que havia matado vinte mil inimigos sem perder cem soldados, contrariando as proibições que lhe haviam sido impostas. Assim, César, ao falar de um capitão seu chamado Syllanus, disse que ele agiu bem e sabiamente por não ter travado a batalha, ainda que estivesse certo de obter a vitória, porque, diz ele, não cabe ao capitão passar por cima das proibições a ele impostas. E tanto é que não se deve fazer nada em matéria de guerra contra as proibições, que até o capitão que é lugar-tenente de outrem não deve livrar batalha se tal não lhe for expressamente ordenado. Foi por essa causa que o conde de Aiguemond sofreu uma reprimenda por ter livrado batalha contra o marechal de Termes, ainda que tivesse obtido a vitória. Isso porque ele havia arriscado todo o estado do país baixo se tivesse perdido a batalha. Mas este último ponto se aplica aos capitães que não têm o encargo de comandar a título de ofício, pois um oficial como o cônsul, o condestável, o marechal ou o general do exército erigido a título de ofício para ter pleno comando sobre o exército e para fazer a guerra pode, em virtude de seu ofício e sem esperar mandamento especial, fazer a guerra aos inimigos declarados, persegui-los, travar batalha, sitiar e, se puder, tomar as fortalezas, e dispor do exército à sua discrição, se não houver proibições particulares do soberano, pelas quais seu poder seria suspenso. Porém, tendo tomado as fortificações ou o chefe dos inimigos, ele não pode entregá-los sem mandamento especial.

É verdade que, nas Repúblicas populares, esses pontos não vigoram, por isso não podem ser observados com rigor. Mas ocorre com frequência que os capitães dispõem dos maiores negócios, o que não poderiam fazer na monarquia, por causa da diferença que existe entre a opinião e vontade de um Príncipe ou de um povo, de um homem ou de trinta mil. É o que se pode ver a todo momento em Tito Lívio, em que as comissões eram concedidas com muita amplidão, como na guerra contra os etruscos foi dado pleno poder a Fábio[76]: *Omnium rerum*, diz ele, *arbitrium, et a senatu, et a populo, et a collega, Fabio Consuli permissum*; e em outra passagem[77]: *initio liberum pacis ac belli arbitrium permissum*. Todavia, ainda conservavam esta diferença entre os oficiais e os comissários, que os cônsules, pretores e outros que detinham o poder de fazer a guerra em virtude do ofício eram agregados de suas ações sem outra ratificação se não tivessem empreendido os casos atinentes à majestade que mencionamos acima. Mas, se os comissários ultrapassavam sua comissão, era necessário mandar ratificar suas ações, como Pompeu, tendo recebido a comissão contra Mitridates, foi muito mais além e empreendeu a guerra contra vários outros povos, concedendo e retirando reinos, estados e cidades por ele conquistados a quem bem lhe parecia. Embora o povo não quisesse cassar nem revogar nada das coisas por ele manejadas, todavia, após seus triunfos, ele fez várias vezes representação ao senado para que este aprovasse o que ele tinha feito. Como o senado opunha dificuldades[78], usando longos adiamentos contra ele, ele fez aliança com a casa de César para fortalecerem-se um ao outro contra aqueles que quisessem persegui-los. Pois embora ele tivesse comissão geral, e nesse caso tudo estivesse sob sua discrição, não obstante a cláusula geral das comissões deve ser cumprida de modo que se tire proveito para a República.

Mas isso não implica o poder de fazer algo em prejuízo do público, o que não seria permitido até mesmo no caso de um particular que tivesse concedido encargo geral. Pois estas palavras contidas nas comissões, seja de governadores, capitães, juízes ou embaixadores, "à discrição", "à prudência",

---

[76] Lívio liv. 10.

[77] Lívio liv. 34.

[78] Plutarco, *Pompeu*.

"à vontade" ou outras semelhantes, referem-se sempre ao exame de um homem de bem e íntegro, e o menor erro pode ser perseguido, ainda mais quando se trata do Estado ou de notável interesse do público, pois a ignorância não é admissível, nem a desculpa do erro naquele que aceitou um cargo público, e muito menos se este a pediu, solicitou, arrancou. E se as faltas não são escusáveis para o simples fato dos particulares, quando se assumiu o encargo de fazer algo pelos outros, mesmo que seja gratuitamente, como seriam elas escusáveis quando se trata do Estado ou do público?

Diremos a seguir se o súdito deve receber uma comissão injusta ou se deve rejeitá-la, e como ele deve se portar; pois o que dissemos se refere apenas às comissões justas e razoáveis, e para aclarar a diferença que existe entre as comissões e os ofícios. A isso eu acrescentaria ainda a autoridade dos jurisconsultos, para satisfazer aqueles que poderiam duvidar do que falei, comparando nossa maneira de falar à dos romanos, como no que diz Festo Pompeu: *Cum imperio esse dicebatur apud antiquos, cui nominatim a populo dabatur imperium*, quer dizer, por comissão expressa, sem nenhuma denominação de magistrado, ao qual a lei dava o poder de comandar, como vemos em Tito Lívio, quando Aníbal sitiou Roma: *Placuit omnes qui dictatores, consules censoresve fuissent, cum imperio esse, donec recessisset hostis a muris*, quer dizer, por comissão. E Cícero disse, ao falar de Augusto: *Demus imperium Caesari, sine quo res militaris geri non potest*, até porque ele não podia ainda deter ofício; esse é um trecho que ocupou deveras Charles Sigon quando ele escreveu *De Judiciis*.

A diferença dos requerimentos era notável para pedir um magistrado ou uma comissão, pois o magistrado era pedido em virtude das leis já publicadas e aprovadas, QUOS VELLENT CONSULES FIERI, como se faz com os ofícios vacantes, mas para as comissões de comando usava-se estas palavras: VELLENT, *juberent*[79], *ut huic vel illi imperium esset in hac vel illa provincia*. Isso foi dito de Cipião Africano, que recebeu comissão com poder de comandar porque não tinha idade para ser magistrado. E Cícero[80], falando de todas as espécies de comissão, dizia: *Omnes potestates, imperia, curationes, ab universo populo Romano proficisci convenit*. A palavra *potestates* aplica-se aos governadores de províncias, a palavra *imperia* aos capitães que têm comissão particular para fazer a guerra, embora a palavra *imperia* também se aplique

---

79 Lívio liv. 26.

80 *In Rullum.*

aos magistrados. A palavra *curationes* se refere a todos os outros encargos sem poder de comandar, pois a palavra *Imperator* significa propriamente capitão-em-chefe, como diz Plínio[81] ao falar de Pompeu: *Toties Imperator, antequam miles*. Mais geralmente, a palavra *curatio* denota todas as espécies de comissão, como é fácil julgar por este trecho de Cícero[82]: *Idem transfero in magistratus, curationes, sacerdotia*, que são as três espécies de cargos públicos. Também Ulpiano distingue muito bem o magistrado daquele que ele denomina *curator Reipublicae*, ao qual ele dedica um livro inteiro. E a lei o chama pela palavra grega *logistes*: que não tinha poder de condenar nem de denunciar a multa, o que era permitido a todos os magistrados, como mostramos acima.

Mas é mister notar que a comissão passa com força de ofício por édito, e aquilo que era atribuído somente ao arbítrio dos magistrados vem a título de ofício quando aquele que tem a soberania faz disso uma lei. Assim, antigamente os cônsules elegiam os dezesseis chefes de esquadra, que eles chamavam de *Tribunos militum*, até o ano da fundação de Roma 442, quando foi ordenado por lei expressa, publicada a pedido dos tribunos do povo, que eles seriam a partir de então eleitos pelo povo[83]. Isso foi sempre observado desde então, salvo quando se tratou de fazer a guerra contra Perseu rei da Macedônia: os cônsules Licínio e Cássio apresentaram requerimento ao povo com a finalidade de que, naquele ano e sem continuar posteriormente, os tribunos militares seriam escolhidos pelos cônsules, haja vista a importância da guerra, e assim foi ordenado[84]. Antigamente também os magistrados faziam de seus escravos seus meirinhos, tabeliães, lictores e arautos, como se fez neste reino até Felipe o Belo, que foi o primeiro a retirar esse poder dos bailios e senescais, deixando aos senhores justiceiros o poder de estabelecer sargentos e notários no seu território. É o que se pode ver nos registros da câmara de contas e, em caso semelhante, o procurador geral do rei indicava para advogado do rei quem bem lhe parecesse. Desde então, essa comissão particular de um magistrado passou em forma de ofício mui honorífico outorgado pelo Príncipe.

Eis o que se devia dizer quanto à diferença entre o comissário e o oficial. Falemos agora do magistrado.

---

81 Liv. 7.

82 *In Verres* 4.

83 Lívio liv. 9.

84 Lívio liv. 42.

Capítulo III

Dos magistrados

Magistrado é o oficial na República que tem poder de comandar. Falamos dos comissários e da diferença que existe entre os comissários e os oficiais porque a ordem exigia que se falasse primeiro dos comissários, por terem existido antes que houvesse ofícios estabelecidos.

Os primeiros povos governados sem leis

Pois é muito certo que as primeiras Repúblicas foram regidas pela mão soberana sem leis, e que só havia a palavra, o semblante, a vontade dos Príncipes por toda lei, e eles davam os encargos na paz e na guerra a quem bem lhes parecesse, e revogavam-nos assim que queriam, a fim de que tudo dependesse do seu pleno poder e que não ficassem atados nem às leis nem aos costumes. Assim, o historiador Josefo, no segundo livro contra Ápio, querendo mostrar a antiguidade ilustre dos hebreus e de suas leis, diz que a palavra "lei" não se encontra em toda a obra de Homero, o que é um argumento de que as primeiras Repúblicas só se valiam de comissários, visto que o oficial não pode ser estabelecido sem lei expressa, como dissemos, para lhe dar encargo ordinário e limitado a um certo período, coisa que parece diminuir o poder do soberano. Por esse motivo, os reis e Príncipes que são mais ciosos da sua grandeza costumam colocar em todas as cartas de ofícios uma cláusula antiga que retém a marca da monarquia senhorial, a saber, que o oficial gozará do ofício ENQUANTO NOS APROUVER.

A cláusula "Enquanto nos aprouver" é hoje inútil nas cartas de ofícios

Embora essa cláusula não sirva de nada no reino da França, visto que a ordenança de Luís XI é respeitada inviolavelmente e que na Espanha, Inglaterra, Dinamarca, Suécia, Alemanha, Polônia e em toda a Itália semelhante ordenança é observada, os secretários de Estado nunca a esquecem, o que é um grande argumento de que todos os encargos antigamente eram em comissão. Diremos em seguida se isso é conveniente, como muitos sustentaram. Mas falemos antes do magistrado, que postulamos em nossa definição ser o oficial que pode comandar. Ora, não há menos confusão nos autores entre o oficial e o magistrado do que entre o oficial e o comissário. Pois embora todo magistrado seja oficial, nem todo oficial é magistrado, mas somente aqueles que têm poder de comandar, o que as palavras gregas ἀρχαί e ἄρχοντες bem indicam, como quem diria comandantes, e a palavra latina *magistratus*, que é imperativa e significa controlar e dominar. Como o ditador era aquele que tinha mais poder de comandar, os antigos o chamavam de *magister populi*[85], e a palavra "ditador" significa comandante, como quem diria "editador", pois *edicere* é comandar. Nisso se enganaram aqueles que supuseram os livros da língua latina sob o nome de Marco Varrão, dizendo que o ditador se chamava assim *quia dictus ab interrege*. Mas nessa mesma linha o coronel da cavalaria também se chamaria ditador, *quia diceretur a Dictatore*, como se vê em todo lugar em Tito Lívio, e seria preciso que ele se chamasse *dictatus* no sentido passivo ao invés de *dictator* no ativo.

Mostrei acima que as definições do magistrado inventadas pelos jovens doutores escolásticos não podem se sustentar, nem tampouco a de Aristóteles[86],

---

[85] Festo, verbete *optima lege*.

[86] *Política* liv. 3.

que chama de magistrado aquele que tem voz deliberativa no julgamento e no conselho privado e poder de comandar, e principalmente, diz ele, de comandar. Pois no sexto livro da *Política*, vendo que havia uma infinidade de oficiais, todos os quais ele denomina ἄρχάς, ele se viu bastante embaraçado, já que há oficiais necessários e outros somente para o ornamento e esplendor da República, e depois todos os ministros dos magistrados, sargentos, meirinhos, tabeliães e notários, os quais ele chama pelo nome comum de magistrado, como aqueles que têm poder de comandar. E ele vai além ao dizer que tais ministros têm poder de comandar: τῆς ἀρχῆς μετέχοντας. Todavia, em outra passagem[87], ele se pergunta se os discursadores, oradores e juízes são magistrados, e responde que se poderia dizer que eles não são magistrados e que eles não têm participação no comando. Eis porque Catão de Útica, ao castigar os tabeliães, controladores e representantes dos recebedores, dizia: "Deveis vos lembrar de que sois ministros e não magistrados", como diz Plutarco. Quanto aos pregadores ou discursadores, que ele chama de *ecclesiastes*, se não tiverem comando por poder ordinário é certo que não são magistrados. Porém, no mais das vezes eles são magistrados: refiro-me àqueles que tinham poder, nas Repúblicas populares e aristocráticas, de persuadir ou dissuadir o povo das coisas que lhes pareciam úteis, e que eles chamavam também *rhetoras*. Embora em Atenas cada particular tivesse a faculdade de falar[88], em Roma isso não era lícito se o magistrado que presidia a assembleia não o permitisse. Quanto aos juízes, eles também se enganam ao dizer que não são magistrados, visto que vários são magistrados e a divisão que o imperador faz dos juízes é que uns são magistrados e outros não.

Portanto, é preciso admitir que, entre as pessoas que têm cargo público e ordinário, uns são magistrados e outros não. E como a negociação torna a divisão de sua natureza viciosa, dissemos que as pessoas públicas que têm cargo ordinário limitado por leis ou por éditos sem comando são simples oficiais, que os últimos imperadores chamavam de *officiales*. Os antigos doutores seguiram a opinião de Acúrsio, que não propõe nenhuma definição nem distinção entre os oficiais, comissários e magistrados, mas diz simplesmente que há quatro espécies de magistrados, a saber, os ilustres, os respeitáveis, os claríssimos e os perfeitíssimos, aos quais ele atribui todo o comando; mas essas

---

87 *Política*, início do liv. 3.

88 Plutarco, *Fócion*.

são antes qualidades honráveis que se atribui segundo a condição das pessoas. Não obstante, essa divisão de qualidades é faltosa, visto que os patrícios eram mais honráveis e vinham antes dos ilustres, e aqueles que eram chamados de *augustales* eram mais dignos que aqueles que eram chamados *clarissimi*. De fato, as dignidades eram assim ordenadas no tempo dos imperadores, muito tempo antes de Justiniano, a saber: *Patricii, Illustres, Spectabiles, Augustales, Clarissimi, sive Speciosi, et Perfectissimi*, que eram qualidades atribuídas tanto aos particulares quanto aos magistrados. Mas o que diz Bártolo, que há alguns que têm a dignidade sem o cargo, como os condes e marqueses, aos quais todavia ele atribui comando e toda justiça, não merece resposta, pois ele se contradiz de modo demasiado evidente. É igualmente pouco provável quando ele diz que os mestres de escola têm jurisdição sobre seus discípulos e poder para estabelecer estatutos. Se assim fosse, o poder doméstico e a disciplina das famílias seriam totalmente confundidos com a jurisdição pública, o que mostramos ser impossível. Alexandre, o primeiro jurisconsulto de sua época, chegou muito mais perto da verdadeira definição do magistrado quando diz que só são magistrados aqueles que são juízes ordinários. Contudo, isso não basta, pois há o magistrado que tem poder de comandar e que não tem jurisdição ordinária, como os censores e os tribunos do povo, e, ao contrário, os antigos pontífices, assim como nossos prelados, eram juízes ordinários, tendo conhecimento universal das coisas religiosas e sagradas, e não obstante não eram magistrados.

Assim, pode-se ver que os antigos e novos doutores não trataram esse ponto nem abordaram as dificuldades, nem a diferença entre os oficiais, magistrados e comissários, como a coisa merecia. Ora, embora as definições dos magistrados, oficiais e comissários não se encontrem nos fragmentos dos jurisconsultos, em diversos trechos se pode tomar nota da opinião deles, assim como no discurso das histórias. Pois Ulpiano escreve que era permitido a todos os magistrados defender sua jurisdição por meio de penas judiciais, exceto aqueles que eram chamados *duumviri*. Isso não se aplica somente às multas pecuniárias, mas também à apreensão dos bens e das pessoas. Todavia, parece, dirá alguém, que Ulpiano, ao excetuar os duúnviros – que tinham poder semelhante ao dos escabinos das comunidades urbanas, que não têm jurisdição –, incluiu-os entre os magistrados e quis dizer que os duúnviros tinham jurisdição, já que por nada seriam eles excetuados se não tivessem jurisdição. Não obstante, o mesmo jurisconsulto diz em outra passagem que os duúnviros não tinham jurisdição alguma, nem conhecimento algum, a não ser para receber cauções caso necessário e realizar apreensões, o que está mais relacionado, diz ele, ao comando que à jurisdição. Ele diz ainda que eles só são, nesse caso, simples comissários dos pretores que lhes deram essa comissão para cobrir sua ausência, a fim de obviar os perigos iminentes, como depois em caso semelhante foi-lhes dado poder de nomear tutores para os menores pobres para a conservação dos seus bens. E se eles tinham alguma comissão além disso, era mais para algo ligeiro do que poder de comandar. Portanto, não eram propriamente magistrados.

Por conseguinte, daí decorre que todos os magistrados com jurisdição têm poder de condenar, confiscar, executar. Isso parece ter sido outorgado antigamente a todos os magistrados pela Lei Atéria Tarpeia[89], publicada no ano 297 após a fundação de Roma, na qual foi dito que todos os magistrados teriam poder de denunciar a multa até a soma de sessenta e seis soldos, estimados equivalentes a dois bois ou trinta cabras pela própria lei. Depois, tendo crescido a renda e as riquezas dos romanos, os magistrados aumentaram as multas[90], salvo para o povo miúdo[91], excluído da decisão pela Lei Icília (que eles chamavam de *certatio mulctae*). Porém, com frequência eles impunham novamente a multa[92], tanto que a sentença do povo que condenava a pagar a multa implicava infâmia, o que depois foi ab-rogado. Todavia, direi de passagem que há um erro notável em Festo Pompeu e em Aulo Gélio que ficou até agora por corrigir: onde se lê *XXX. boum et duarum ovium*, em vez de *XXX. Ovium*. Isso fez com que Aulo Gélio, tendo seguido o erro dos outros, dissesse que havia então mais bois que animais de lã. Mas Dionísio de Halicarnasso[93] mostra expressamente que a mais alta multa era apenas de dois bois ou trinta animais de lã. E no mesmo trecho em Aulo Gélio há outro erro mais notável, quando ele diz: *mulctam, quae suprema dicitur, in singulos dies institutam fuisse*; é preciso riscar a palavra *dies*, de outro modo não seria lícito ao magistrado condenar por diversos delitos no mesmo dia. A palavra

---

89 Dionísio liv. 8; Gélio liv. 2 cap. 1, Festo liv. 4, verbete *peculatus*.

90 Lívio liv. 25.

91 Dionísio liv. 7.

92 Cícero, *Filípicas* 2.

93 Liv. 10.

singulos, porém, quer dizer "por cabeça", de modo que, se vários tivessem ofendido, o magistrado poderia condenar cada um à multa de sessenta e seis soldos no máximo. Há ainda outro erro onde se lê *ovem* no lugar de *bovem*, e consta como se *ovis* fosse do gênero masculino.

Antes da Lei Tarpeia, isso não era permitido senão aos cônsules[94], pois não havia então, e não houve pelos próximos 88 anos, nenhum pretor nem edil em Roma, visto que a instituição do primeiro pretor foi feita no ano da fundação de Roma 386. Cícero[95], tendo feito leis segundo sua vontade para a sua *República* a exemplo de Platão, inclui uma por meio da qual ele deu a todos os magistrados jurisdição e auspícios. Ora, aquele que tem jurisdição propriamente falando tem também, diz um jurisconsulto, as coisas sem as quais não se pode exercer a jurisdição, a saber, o poder de comandar, tanto que a jurisdição dos antigos pontífices e dos nossos bispos não passa de simples conhecimento. É verdade que os bispos têm um conhecimento muito maior do que os antigos pontífices, pois eles podem encarcerar na sua cadeia e condenar à tortura, ainda que os magistrados mandem executar suas sentenças. Os antigos pontífices não tinham isso, nem conhecimento dos casamentos, nem de várias outras causas que os bispos possuem hoje em dia, como diremos no seu lugar.

Todavia, pode-se dizer que isso não é geral, que todos os magistrados tenham poder de comandar, pois[96] Messala jurisconsulto e Marco Varrão deixaram por escrito que, entre os magistrados, uns tinham poder de dar intimação ou de mandar comparecer diante deles, e igualmente o de apreensão, os outros tinham somente o de apreensão; e também que havia magistrados que não tinham nem uma coisa nem outra. Aqueles que tinham apenas poder de apreensão só tinham um simples sargento; aqueles que tinham uma coisa e outra tinham também os seus lictores; aqueles que não tinham poder de mandar comparecer nem de pôr na prisão não tinham nem sargentos nem lictores. Quando digo apreensão, entendo a tomada de corpos e de bens, pois a apreensão é dada a vários que têm jurisdição fundiária e que não têm poder para tocar nas pessoas. Isso não era assim antigamente pelas leis dos romanos, dos quais é necessário falar aqui e discorrer brevemente sobre seu

---

[94] Dionísio liv. 10; Festo liv. 14.

[95] *De legibus* liv. 2.

[96] Gélio liv. 13 cap. 12.

poder para esclarecer como em pleno dia o poder de todos os magistrados, em toda espécie de República.

O poder dos magistrados romanos

Pois os grandes magistrados, a saber os cônsules, pretores e censores, e entre os comissários o ditador, aquele que era chamado de *interrex* e os governadores de província, tinham lictores, e por conseguinte tinham poder de mandar comparecer diante de si cada um dos particulares e os magistrados menores, exceto os tribunos. Além disso, tinham poder de condenar a pagar multa, confiscar e encarcerar por falta de cumprimento. Os tribunos não tinham poder algum de mandar intimar alguém diante de si, mas sim de constituir prisioneiros até os próprios cônsules, como L. Druso tribuno, que mandou colocar na prisão o cônsul Felipe porque este o havia interrompido enquanto ele falava ao povo, o que era crime de lesa-majestade e capital[97]. Não obstante, eles não tinham poder de mandar comparecer alguém diante de si, como lhes fez saber o jurisconsulto Labeo, o qual não quis comparecer diante deles mesmo tendo sido convocado, e disse em sua defesa que os tribunos não eram instituídos para ter justiça e jurisdição, mas somente para se opor à violência e aos abusos dos outros magistrados, e prestar socorro e ajuda aos apelantes que eram injustamente oprimidos, e encarcerar aqueles que não quisessem ceder à oposição. Como o tribuno Semprônio, ao ver que o censor Ápio não queria renunciar ao seu ofício dezoito meses depois de ter sido nomeado censor (segundo a Lei Emília, que havia reduzido o mandato de cinco anos atribuído à censura para um mandato de dezoito meses), lhe disse que mandaria colocá-lo na prisão se ele não obedecesse à Lei Emília, com o consentimento dos seis outros tribunos do povo. Mas Ápio, tendo convencido três tribunos, que se opuseram ao comando dos sete, permaneceu no seu ofício, pois a oposição de um só tribuno bastava para impedir os outros, se não fosse ordenado de maneira diversa pelo povo. Eis porque um tribuno[98], ao falar à nobreza, disse: *Faxo ne juvet vox ista* VETO, *qua collegas nostros concinentes tam laeti auditis.* E logo depois: *Contemni jam Tribunosplebis, quippe quae potestas jam suam ipsa vim frangit intercedendo: non posse aequo jure agi, ubi*

---

97 Dionísio liv. 5.

98 Lívio liv. 6.

— 67 —

imperium penes illos, penes se auxilium tantum sit: nisi imperio communicato, nunquam plebem in parte pari Reipublicae esse.

O povo pedia que também fosse permitido nomear um cônsul plebeu. Essa questão durou quarenta e cinco anos, durante os quais não houve cônsules. Por isso parece que os tribunos não tinham comando, pois eles pediam que se nomeasse um cônsul plebeu, a fim de que o povo tivesse um magistrado do seu corpo, que tivesse poder de comandar, porque os tribunos só tinham via de oposição. Todavia, pode-se dizer que os tribunos nessa arenga mostravam seu poder menor do que era, pois Ulpiano, falando propriamente e como jurisconsulto, disse que não era lícito convocar em juízo, sem permissão ou comissão do magistrado, os cônsules, pretores, procônsules e todos os outros, diz ele, *qui imperium habent, et jubere possunt in carcerem duci*; e em outra passagem ele repete as mesmas palavras.

Por conseguinte concluiremos que os magistrados que têm poder de colocar na prisão, ainda que não tenham jurisdição, são, em termos de direito, magistrados, como os tribunos em Roma, os procuradores do rei no reino da França, os *avogadours* em Veneza. E não devemos nos deter no que diz Plutarco nos *Problemas*, que os tribunos não tinham nem coche, nem sela de marfim, nem lictores, que eram, diz ele, as marcas dos magistrados, pois a principal marca era o comando. Tampouco devemos atentar para as palavras do cônsul Ápio, do qual diz Tito Lívio: *Tribunus viatorem mittit ad Consulem, Consul lictorem ad Tribunum, privatum esse clamitans, sine imperio, sine magistratu*, pois ele dizia isso para rebaixar o poder dos tribunos. Não obstante, houve de fato um tribuno tão ousado[99], a saber, Licínio Stolo, a ponto de obrigar o ditador Mânlio a renunciar à ditadura. E em outra ocasião mandaram colocar os dois cônsules na prisão porque eles não haviam querido atender o requerimento dos tribunos de isentar dez soldados de ir para a guerra[100]. É verdade que a circunscrição e território dos dez tribunos do povo eram as muralhas de Roma[101], tanto que os cônsules M. Fábio e L. Valério, ao ver que não podiam recrutar pessoas para a guerra contrariando a oposição dos tribunos, ordenaram que seus postos fossem levados para fora da cidade, e por esse meio fizeram o que queriam.

---

99 Lívio liv. 6.

100 Floro, epítome 55.

101 Dionísio liv. 9.

Todavia, os tribunos empreendiam com muita frequência acima do seu poder, até fazer éditos e proibições, como se pode ver em Tito Lívio, no terceiro livro: *Communiter edicunt Tribuni, ne quis Consulem faceret: si quis fecisset, se id suffragium non observaturos*, o que é um abuso e ingerência sobre o poder do povo, pois proíbe que este último escolha livre e inteiramente os magistrados. Ademais, eles faziam justiça a todos que aparecessem, dando intimação às partes como se tivessem poder de convocar perante si. Isso pode ser visto em Plutarco[102], quando ele diz que os tribunos dispensavam a justiça no local que se chamava *Basilica Portia*. E Ascônio Pediano diz: *Tribunos, Quaestores, Triumviros capitales non in sellis curulibus, sed in subsellis jura dixisse.* E até Apiano diz[103] que Druso tribuno era assíduo ao dispensar a justiça e dar o direito a cada um. Por isso o Jurisconsulto coloca o tribuno do povo entre os cônsules e pretores, que dispensavam a justiça em Roma. Eis porque Cícero dizia que se apelasse aos tribunos *ut de praetoris injuria cognoscerent.* E não apenas eles tinham usurpado a jurisdição, mas eles também instituíam comissários e nomeavam em várias causas aqueles que eram chamados de *aediles aedituos* como seus suplentes[104]. Ora, é notório que ninguém pode estabelecer suplentes nem instituir comissários a não ser aqueles que têm a jurisdição a título de ofício. Mas tudo isso só ocorria por usurpação e por abuso, que o jurisconsulto Labeo lhes objetou e não quis, como já disse, comparecer diante deles.

Faremos o mesmo julgamento dos edis que eram chamados de curules e que não tinham poder de mandar comparecer diante de si nem de apreender os corpos[105]. Por isso não tinham nem lictor, nem sargento, como Varrão e Messala observaram. Não obstante, eles haviam usurpado a jurisdição devido à tolerância dos pretores, que lhes remetiam as causas relativas às vendas de móveis, e por fim também tomaram o conhecimento dos imóveis e das mulheres prostituídas, que não podiam exercer esse ofício se não o tivessem declarado aos edis. Isso havia sido observado há muito tempo, para que a vergonha pudesse afastar várias delas, mas depois que elas perderam a vergonha e que algumas das mais ilustres damas romanas ousaram declarar aos edis

---

102 No *Catão maior.*

103 Liv. 1.

104 Dionísio liv. 6; Floro, epítome 10; Gélio liv. 10.

105 Gélio liv. 13.

com toda impudência que elas queriam se prostituir, o imperador Tibério quis que se procedesse contra elas na justiça[106]. Sob o mesmo imperador e ao mesmo tempo[107], os abusos e ingerências dos edis curules e outros foram reprimidos, e ordenou-se até qual montante eles poderiam confiscar, o que eles não tinham na sua antiga instituição. Tinham menos ainda o poder de mandar comparecer diante de si, embora tivessem o poder de mandar reunir o povo miúdo.

Quanto aos questores[108], não vejo que jamais tenham tido nem tentado obter jurisdição ou poder de encarcerar. Varrão mesmo diz que não o tinham, muito embora, no ano seguinte à expiração do seu ofício, davam-lhes às vezes o governo de alguma província, como ao jovem Graco depois de ter exercido a questura foi dado o governo da Sardenha[109]. Porém, tinham tanto ou mais poder no seu governo que todos os magistrados em Roma, mas era somente sob forma de comissão, como todos os governadores de província.

Quanto aos censores, Ottoman e Sigon sustentaram que tinham poder, pois escrevem *potestatem, sed non imperium*, coisa impossível já que a palavra *potestas*, em termos de direito e na pessoa dos magistrados, significa sempre comando: *Potestatis verbo, imperium in magistratu significatur*. E até Ulpiano diz que o governador de província tem jurisdição amplíssima e poder de condenar à morte, o que se chama propriamente *potestas*. Ora, vemos que os censores mandavam frequentemente publicar os seus éditos, ou seja, comandos e ordenanças que faziam[110]. Por isso Varrão e Messala[111] chamam os cônsules, censores e pretores de *majores magistratus* e todos os outros de *minores*. E mais, Varrão diz[112] que não estava no poder dos pretores (que tinham comando e jurisdição) mandar reunir o exército urbano, o que os censores podiam fazer: *Praetori exercitum urbanum convocare non licere, Consuli, Censori, Interregi, Dictatori licere*. E quando Aníbal sitiou Roma, fez-se um édito segundo o qual todos aqueles que haviam sido ditadores, cônsules e censores teriam poder

---

[106] Tácito liv. 2.

[107] Tácito liv. 2.

[108] Pisão, *Anais* liv. 4.

[109] Plutarco, *Graco*.

[110] Lívio liv. 40 e 43; Zonar tomo 2.

[111] *Apud* Gélio liv. 13 cap. 12.

[112] *De lingua latina* liv. 5.

de comandar: *Placuit*, diz Tito Lívio, *omnes qui antea Dictatores, Consules, Censoresve fuissent, cum imperio esse, donec hostis a muris discessisset.* Isso não teria sido feito se os censores não tivessem tido comando quando estavam no ofício, visto que aqueles mesmos que haviam sido pretores não tinham tido esse poder. E se os tribunos, que Varrão coloca entre os magistrados menores, tinham comando, como não o teriam os censores, que ele chama de grandes magistrados? Além do mais, Plutarco diz que os censores tinham mais poder que qualquer magistrado em Roma[113]. É verdade que eu não me restrinjo nem um pouco a Plutarco, que vemos com bastante frequência ter fracassado nas antiguidades dos romanos.

Mas o que talvez confundiu muitas pessoas é que eles não tinham jurisdição, apesar do que diz Agostinho Onofre, que eles tinham poder de condenar por alguns crimes – os quais, todavia, ele não cita. Ora, há muita diferença entre julgar crimes e reerguer os costumes. Eis porque Cícero dizia que o julgamento dos censores fazia deveras corar as pessoas, mas nada mais[114]: *Censoris judicium nihil fere damnato affert praeter ruborem: itaque ut omnis ea iudicatio versatur tantummodo in nomine, animadversio illa ignominia dicta est.* Ele não diz que a censura tocava a honra para manchá-la com infâmia, mas sim com alguma ignomínia, que o doutor Cujácio tomou por infâmia, que é muito diferente da ignomínia. Charles Sigon cometeu o mesmo erro ao definir ignomínia como infâmia[115]; e no mesmo trecho ele diz que há causas capitais que acarretam infâmia sem crime, o que vai contra os princípios do direito. Pois aquele que era condenado por julgamento público por crime era infame, e o soldado cassado pelo capitão pelo seu erro não era infame, mas somente ignominioso, até que o pretor tivesse feito édito expresso sobre isso. Os antigos doutores chamaram a ignomínia de infâmia de fato, ao falar da qual o jurisconsulto Cássio disse que ele pensa que o senador riscado do registro não pode ser juiz nem testemunha se não for restituído. Ele diz *se putare*, e Ulpiano também faz uso do mesmo modo de dizer: *se putare ei quae in adulterio deprehensa est, et absoluta, notam obesse*, pois é certo que a absolvição retira a infâmia de direito, mas não a ignomínia. E Calístrates diz que ele também pensa que a reputação e a honra não são de modo algum

---

113 No *Catão maior*.

114 *República* liv. 4 *apud* Nonium.

115 *De judiciis* liv. 2 cap. 3.

diminuídas *Quando quis ordine movetur*. Também Festo Pompeu enumera três espécies de punição militar, a saber, *deprehensa, castigatio, ignominia*: *deprehensa*, diz ele, *castigatione major, ignominia minor*. E a lei acrescenta acima disso tudo, *infamiam*.

De outro modo, se a infâmia e a nota ignominiosa dos censores fossem a mesma coisa, seria preciso que os 64 senadores que os censores Lêntulo e Gélio riscaram do registro e alijaram do senado, assim como os quatrocentos cavaleiros que foram cassados pelos censores Valério e Semprônio e privados dos cavalos e penhores que tiravam do público, fossem também infames. Além disso, seria preciso que todo o povo romano fosse infame por causa da censura de Lívio Salineiro, que riscou e anotou todas as linhagens, e, como diz Valério Máximo[116], *inter aerarios retulit*, pois, como ele havia sido condenado por julgamento público e depois nomeado cônsul e censor, só excetuou a linhagem Metia, que não o havia condenado nem absolvido, nem julgado digno de obter a magistratura. Ele também notou seu colega Cláudio Nero na censura, que o pagou com a mesma moeda. Por esse motivo Cícero disse[117]: *Illud commune proponam, nunquam animadversionibus Censoriis hanc civitatem ita contentam, ut rebus iudicatis fuisse*. E ele dá o exemplo de C. Geta senador, que foi alijado do senado pelos censores e depois nomeado censor, e depois ele acrescenta: *Quod si illud judicium putaretur, ut caeteri turpi judicio damnati, in perpetuum omni honore ac dignitate privantur, sic hominibus ignominia notatis, neque ad honorem, neque in curiam reditus esset: timoris enim caussam, non vitae poenam in illa potestate esse voluerunt: quare qui vobis in mentem venit haec appellare judicia, quae a populo Romano rescindi, ab juratis iudicibus repudiari, a Magistratibus negligi, ab iis qui eandem potestatem adepti sunt solent commutari?*

Portanto, parece bem evidente que eles não tinham jurisdição, pois até mesmo os pretores conheciam os processos entre os tesoureiros e o público[118], e as queixas dos tesoureiros que os censores haviam estabelecido. Assim, a jurisdição nada tem em comum com a força de comandar, como diremos no seu lugar. Por essa causa, quando as Cortes dos Parlamentos deste reino verificam as cartas dos governadores das províncias, elas mandam acrescentar

---

116 Liv. 2.

117 *Pro Cluentio.*

118 Cícero, *In praetura urbana.*

na dobra que estes não terão jurisdição contenciosa, mas somente voluntária, o que quer dizer que a força de comandar, o poder, a autoridade, a dignidade permanecerão com eles, mas não a jurisdição. Assim, podemos dizer que os censores tinham comando, porém sem jurisdição. Havia outros magistrados em Roma que tinham comando e jurisdição das causas criminais[119], como aqueles que eram chamados de *triumviri capitales*[120], mas era apenas sobre os estrangeiros ou escravos, embora eles julgassem às vezes burgueses e até magistrados. Ademais, eram eles os executores das sentenças de morte[121].

Por esse discurso sobre os magistrados romanos e seu poder, fica claro que vários oficiais eram chamados de magistrados sem que tivessem poder de comandar nem de confiscar, e todavia eram chamados de magistrados, tanto pelas leis quanto pelas histórias, de modo que nossa definição não seria geral, a não ser que se quisesse fazer uma subdivisão entre os magistrados que têm poder de comandar e aqueles que não o têm. Mas isso não é necessário, pois a verdadeira propriedade da palavra "magistrado" implica comando. E quem prestar atenção ao modo de falar dos antigos latinos, e até dos jurisconsultos, verá que eles chamaram os ofícios com encargo honesto pela palavra *honores*: *Honor*, diz Calístrates, *est administratio Reipublicae cum dignitate*. E aqueles que tinham além da honra o poder de comandar eram indicados pela palavra *imperia*, como se vê em Tito Lívio a nobreza queixar-se deste modo: *Salios, ac Flamines sine imperiis, ac potestatibus relinqui*. Ele entende pela palavra *imperia* os grandes estados da cidade, seja por comissão ou a título de ofício – que tinham os lictores –, e o poder de comandar, e pela palavra *potestates* ele entende os governos das províncias, que o jurisconsulto Ulpiano chama em termos próprios de *potestates*, o que o imperador Alexandre Severo entendeu quando disse em voz alta: *Non patiar mercatores potestatum*.

Ora, assim como se pode ter um cargo público sem honra, como os pregoeiros, sargentos e arautos (que eram antigamente escravos e da família dos magistrados sem título de ofício), e até os tabeliães e notários eram também escravos dos magistrados ou da República até a época de Valentiniano, que não quis mais que os escravos ocupassem esse cargo, assim também se pode dizer que há cargos públicos com honra sem poder de comandar, como os

---

119 Cícero, *Pro Cluentio*; Valério liv. 8 cap. 4.

120 Valério liv. 5 cap. 9 e liv. 6 cap. 1.

121 Salustiano, *Bellum Catilinae*.

embaixadores, conselheiros do conselho privado, secretários de Estado e das finanças, os antigos edis e questores e os nossos recebedores; outros têm cargo honrável e julgam com conhecimento de várias causas, sem comando, como os antigos pontífices romanos e os nossos prelados; outros têm cargo honrável e poder de comandar sem jurisdição, como os tribunos do povo, os censores e nossos governadores de país, mais os procuradores do rei. Há outros que têm cargo público ordinário e honrável e poder de comandar com jurisdição, e estes são aqueles que se chamam propriamente magistrados, como eram os dois cônsules e os pretores, que foram multiplicados até 16. Quando aos ditadores, governadores de províncias e aqueles que eram chamados de *Interreges et Praefectos urbi Latinarum feriarum causa*, eles tinham muito mais poder que todos os outros magistrados que mencionei, mas não eram magistrados, apenas comissários, como mostramos acima, embora também fossem chamados pelo nome comum de magistrados, exceto por aqueles que falavam com propriedade.

Por conseguinte, fica claro que não se pode ter comando sem honra, embora haja muitas pessoas públicas que não têm comando nenhum e, todavia, são instituídas com grande dignidade, como em Veneza o chanceler e os procuradores de São Marcos, e em todas as Repúblicas os conselheiros de Estado, embaixadores, pontífices e prelados, que não têm comando e são mais respeitados que os pequenos prebostes e vários outros juízes que têm poder de comandar e jurisdição contenciosa com toda justiça alta, média e baixa. Há também cargos públicos que não têm nem honra nem comando, mas ao contrário acarretam alguma desonra, como os carrascos, que foram obrigados pelos éditos dos censores a morar fora da cidade[122] depois que o cargo de lictor lhes foi concedido para a execução de morte, costume que ainda é seguido em Toulouse e em diversas outras cidades. Há outros cargos que não são mais honestos, e porém necessários e proveitosos para aqueles que os exercem, a fim de que o proveito cubra de algum modo a desonra. Nessa divisão estão compreendidas geralmente todas as pessoas públicas que são instituídas a título de ofício, ou por comissão, ou por dignidade simples, sem poder de comandar. Em caso semelhante, podemos dividir todos os ofícios e dignidades segundo a diversidade dos cargos públicos que cada um tem: uns para as coisas divinas, outros para os negócios de Estado; estes para a

---

122 Cícero, *Pro Rabirio perduellionis reo.*

justiça, aqueles para as finanças; uns para as fortificações e reparos das praças públicas, outros para a provisão dos víveres e coisas que são necessárias; quer na guerra para a proteção dos súditos contra os inimigos, quer na saúde pública e purgação das cidades, quer nas vias, rios, florestas, portos e passagens. Todos esses cargos públicos podem ser dados ou a título de ofício, ou por comissão, ou por dignidade simples sem comando, ou então com poder de comandar, ou para a execução dos comandos, como são os ministros dos magistrados, tabeliães, notários, meirinhos, fiscais, sargentos, pregoeiros.

Geralmente em toda República há três pontos a observar no que tange à criação dos oficiais e magistrados: primeiramente quem os nomeia; em segundo lugar, entre quais pessoas eles devem ser escolhidos: em terceiro lugar a forma de nomeá-los. Quanto ao primeiro, pertence à majestade soberana, como dissemos no seu lugar. Quanto ao segundo ponto, pertence também à majestade, porém segue-se ordinariamente as leis que foram estabelecidas para esse fim, principalmente no estado popular e no aristocrático, nos quais os magistrados são escolhidos apenas entre os mais nobres, ou os mais ricos, ou os mais entendidos no cargo que lhes é conferido, ou então indiferente-mente entre todas as espécies de cidadãos. Quanto ao terceiro ponto, que é a forma de nomear os oficiais, há três meios, a saber, a eleição, o sorteio e os dois misturados. Quanto à eleição, ela se faz de viva voz ou levantando-se a mão e a voz, que os antigos gregos chamavam de χειροτονία, usada ainda na Suíça; ou por tabelas e bilhetes, ou por favas e urnas. O sorteio se faz entre certos cidadãos, para prover algum magistrado, ou entre todos de uma certa idade. Quanto à escolha e ao sorteio misturados, embora não fossem usados antigamente, é muito comum hoje em dia nos estados aristocráticos, como em Gênova e Veneza.

Ora, a diversidade da escolha e do sorteio é ainda maior para os juízes, pois pode acontecer nos estados populares e aristocráticos que todos os cidadãos em nome coletivo julguem cada um em particular e a minoria de todos em nome coletivo, selecionando os juízes por escolha ou por sorteio, ou então por sorteio e por eleição; ou então todos julgam alguns tendo sido escolhidos ou sorteados, ou por sorteio e por eleição; ou então certos cidadãos julgam todos os outros tendo sido escolhidos ou sorteados, ou em parte por sorteio e por eleição; ou então alguns cidadãos julgam alguns outros, tendo sido escolhidos ou sorteados, ou por eleição; ou então selecionar-se-á alguns escolhidos entre todos os cidadãos, e alguns sorteados, para julgar certos cidadãos; ou então selecionar-se-á alguns entre todos por sorteio, e alguns entre certos cidadãos por escolha; ou então selecionar-se-á alguns entre todos, e alguns de certa qualidade de cidadãos por escolha e por sorteio.

Eis todos os meios que se pode imaginar para a variedade daqueles que têm cargo público, e quanto ao estado, qualidade e condição de cada um e a forma de convocá-los e empregá-los. O orador Ésquines, ao fazer a divisão dos ofícios e cargos públicos de Atenas[123], cortou-a muito mais curta, embora houvesse mais oficiais lá do que em qualquer outra República que tivesse então a mesma extensão. Ele diz que havia três espécies de oficiais, uns que eram sorteados ou escolhidos; outros que tinham algum cargo público por mais de trinta dias, além dos superintendentes dos reparos e construções de obras públicas; e outros instituídos pelas leis antigas, além dos comissários escolhidos para casos de guerra ou de justiça, como eram os magistrados. Porém, não se pode julgar a diversidade dos oficiais e magistrados por essa divisão, não mais que por aquela de Demóstenes, que é totalmente diversa da de Ésquines, seu adversário, pois ele diz que são magistrados aqueles que eram sorteados no templo de Teseu e aqueles a quem o povo dava poder de comandar ou que eram eleitos capitães. A divisão de Varrão e de Messala é igualmente curta, a saber que há duas espécies de magistrados, os grandes e os pequenos. Eles chamavam de grandes magistrados os cônsules, pretores e censores, que eram eleitos pelos grandes estados, e os outros, chamados de pequenos, eram nomeados pelo povo miúdo, e a cerimônia dos auspícios era mais solene para uns do que para outros.

Mas é preciso encontrar as divisões essenciais e que possam servir em todas as Repúblicas, como aquelas que postulamos a respeito do cargo dos magistrados. Assim, podemos dividir os magistrados em três espécies quanto ao seu poder: os primeiros podem ser chamados de magistrados soberanos, que só devem obediência à majestade soberana; os outros, magistrados médios, que devem obediência aos magistrados superiores e têm comando sobre os outros magistrados; os últimos são aqueles que devem obediência aos magistrados superiores e só têm comando sobre os particulares. Falemos então, na ordem, das três espécies de magistrados, e primeiramente da obediência dos magistrados para com o Príncipe soberano.

---

123 *Contra Ctesifon.*

Capítulo IV

Da obediência que deve o magistrado às leis e ao Príncipe soberano

Já que o magistrado, depois do soberano, é a principal pessoa da República e aquela sobre a qual se desincumbem aqueles que têm a soberania, comunicando-lhe a autoridade, a força e o poder de comandar, é correto, antes de prosseguir, abordar brevemente qual obediência ele deve ao Príncipe soberano, o que constitui a primeira parte do seu dever.

Diferença entre o Príncipe, o magistrado e o particular

A diferença é notável entre o Príncipe soberano, os magistrados e os particulares, tanto mais que o soberano não tem nada maior nem igual a si e vê todos os súditos sob seu poder. O particular não tem súditos sobre os quais ele tenha poder público de comandar, mas o magistrado, incorporado por várias pessoas, muda com frequência de qualidade, de porte, de rosto, de modo de agir. E para desincumbir-se do seu encargo é preciso que ele saiba como se deve obedecer ao soberano, vergar sob o poder dos magistrados superiores a ele, honrar seus iguais, comandar os súditos, defender os pequenos, oferecer resistência aos grandes e justiça a todos.

Magistratus virum[124]

Eis porque os antigos diziam que o magistrado descobre qual é a pessoa, pois tem de atuar como num teatro público e desempenhar diante de cada um muitos personagens. Assim, podemos dizer que a pessoa permite conhecer qual é o magistrado, pois se ele é tal como se deve, ele realça a dignidade do magistrado, mas se ele é indigno do cargo, ele rebaixa a autoridade deste e a majestade do soberano. Como diz Tito Lívio do magistrado indigno do seu cargo: *non qui sibi honorem adjecisset, sed indignitate sua vim, ac ius Magistratui quem gerebat dempsisset.* Ora, para saber qual obediência o magistrado deve ao soberano, é preciso saber qual é o mandamento do soberano. Pois os mandamentos do Príncipe são diversos, já que uns comportam éditos e leis perpétuas para todas as pessoas, de qualquer qualidade e condição que elas sejam, ou para algumas pessoas, e por algum tempo de modo provisório; e outros implicam algum privilégio nos éditos feitos somente para um ou para muito poucos súditos, ou algum benefício que não é contrário à lei, ou então recompensa para os bons ou pena para os maus, ou algum ofício ou comissão, seja para declarar algum édito ou privilégio, ou para fazer a guerra, ou declarar a paz, ou para fazer leva de pessoas para a guerra, ou para armazenar provisões, ou para cobrar talhas, auxílios, subsídios, aumentos, novos impostos ou empréstimos, ou para enviar embaixadas para congraçar-se ou condoer-se do bem ou dos infortúnios dos outros Príncipes, ou para tratar casamentos, alianças ou outras coisas semelhantes, ou para construir e fortificar as praças-fortes, consertar as pontes, caminhos, portos e passagens, ou para julgar algum processo, ou para executar algum mandamento, ou para ratificar cartas de justiça, restituir os menores, os maiores, os condenados, ou para a abolição geral ou particular, ou remissão, ou cartas de perdão, que são diferentes.

---

124 [N.T.:] Dos poderes do magistrado.

Entre os mandamentos citados acima, há aqueles que contêm diversas espécies, como os privilégios e benefícios, seja para algum dom ou isenção e imunidade de todos os encargos, ou de alguns, ou impedimentos, ou cartas de estado, ou para ter direito de burguesia, ou de legitimação, ou de nobreza, ou de cavalaria, ou de feiras, ou de corpo e colégio, ou outra coisa semelhante. Todas essas cartas podem se resumir a duas espécies, a saber, cartas de comando ou cartas de justiça, embora a cláusula SE VOS ORDENAMOS conste tanto de umas quanto de outras. Em caso semelhante, a palavra latina JUBEMUS constava tanto das cartas de justiça como das cartas de indulto e de favor, como se pode ver nas leis, e das cartas-patentes dos imperadores da Grécia. Mas as cartas de indulto, ou que procedem unicamente do poder e autoridade do Príncipe, são chamadas propriamente na França de mandamentos, e os secretários que as expedem, secretários dos comandos. E as cartas de justiça, no mais das vezes, são expedidas pelos outros secretários, e a diferença entre o grande e o pequeno selo, e até na maioria delas a variedade de cera e de cauda simples ou dupla, ou o selo pendente na seda de diversas cores permitem identificar a diferença entre as cartas.

Sei que os latinos chamavam de *mandata Principum* o que nós chamamos na nossa língua de instruções aos governadores, capitães, embaixadores e outros que partem cumprir algum encargo. Assim se entende a palavra MANDATA em direito, quando o imperador Justiniano disse que compôs um livro dos mandamentos ou comandos para os governadores de província. Porém, deixemos de lado a sutileza das palavras e examinemos a força das cláusulas contidas nas cartas-patentes e nos mandamentos, como esta: A TODOS PRESENTES e porvir. Essa cláusula é aposta somente às cartas que são feitas para ter validade perpétua, e não aos éditos que se faz de modo provisório, nem às comissões ou outras cartas de provisão. Isso é bastante notório, mas esta cláusula ENQUANTO SE DEVA BASTAR é de muito maior importância e ordinariamente aposta às cartas que se chama de justiça, pelas quais o Príncipe deixa à discrição daquele a quem endereça as cartas que ele as ratifique ou casse, segundo sua consciência e a equidade julgarem. O mesmo não ocorre com as cartas de comando, que nada atribuem àquele a quem são endereçadas, a não ser, às vezes, o simples conhecimento do fato, e não do mérito da outorga, quando figura simplesmente esta cláusula SE VOS PARECE DO QUE FOI DITO, etc. Tanto que se pode dizer das cartas de justiça, ainda que sejam outorgadas pelo Príncipe, que não comportam mandamento algum, nem obrigação alguma para o magistrado ao qual são endereçadas. Ao contrário, pelas ordenanças de Carlos VII e Felipe o Belo, é proibido aos juízes levá-las em consideração se elas não forem equânimes. Embora a mesma forma de cartas de justiça seja outorgada na Inglaterra, onde são chamadas de *briefs of justice*, assim como na Espanha e em outros reinos, todavia isso se faz mais para o proveito particular de alguns do que pela grandeza e incremento da majestade dos reis (que as outorgam em forma de benefício) ou pela necessidade de se fazê-lo, já que tudo é remetido ao poder do magistrado após a outorga das cartas, o que não ocorre antes da outorga destas. Foi essa a causa pela qual os estados reunidos em Orléans apresentaram requerimento ao rei para retirar essa formalidade das cartas, que só faz onerar o grosso do povo sem que o rei nem o público tirem disso algum proveito.

Por isso os antigos gregos e latinos nunca conheceram essa forma de cartas de justiça. Porém, os magistrados, a pedido das partes, faziam tanto quanto os nossos juízes na outorga das cartas de justiça, e a cláusula "Enquanto se deva bastar" é a mesma contida nos éditos dos pretores nesta forma: SI QUA MIHI JUSTA CAUSA VIDEBITUR. É verdade que o poder de corrigir, suplantar e declarar as leis relativas à jurisdição civil, além de restituir e reerguer aqueles que haviam sido ludibriados ou que tinham descumprido as formalidades das leis (poder que era dado aos pretores pela instituição de seu ofício, como diz Papiniano), tem um não sei quê das marcas da majestade soberana. Por esse motivo se chamava o direito dos pretores de direito honrável, que os doutores chamam de nobre dever. Quando à declaração e correção dos éditos e ordenanças, dissemos que isso pertence àqueles que têm a soberania. Mas quanto às restituições e tudo o que concerne às cartas de justiça, não há grandes indícios de que o Príncipe soberano renuncia a elas, ou melhor dizendo os oficiais dos chanceleres em nome do Príncipe. Farei exceção somente de algumas cartas de justiça que passam sob o grande selo e nas quais a cláusula que mencionei, "Enquanto se deva bastar", está inserida. Tal cláusula desagradou um certo personagem que ocupava um dos mais altos graus de honra neste reino e que, por não entender a força desta, quis riscá-la, dizendo que a majestade do rei ficava diminuída. Mas deve-se desculpá-lo, pois ele não havia lido bem as ordenanças dos nossos reis. E como seria diminuída a majestade dos reis a esse respeito, visto que até os antigos reis do Egito faziam os magistrados jurar que nunca obedeceriam seus mandamentos se ordenassem que julgassem iniquamente, tal como lemos nas sentenças dos reis do Egito relatadas por Plutarco. Portanto, como a ratificação ou rescisão das cartas de justiça endereçadas sob o nome do rei aos magistrados depende de sua equidade e discrição, não é necessário dizer mais.

Porém, quanto às cartas de comando que só comportam a questão do fato simples, sem atribuir ao magistrado o conhecimento do mérito destas, não deixa de haver dificuldade se o magistrado, tendo sido informado do fato como previsto pelo teor das cartas, deve verificá-las ou executá-las embora sejam injustas. E a dificuldade é ainda maior quando as cartas não atribuem poder ao magistrado nem para o fato, nem para o mérito da outorga, e mesmo se houver mandamento expresso. Pois às vezes os Príncipes fazem uso de rogos aos magistrados, por cartas reais particulares, para acompanhar as cartas de comando injustas, e com muita frequência nas cartas-patentes os rogos vão acompanhados de comandos. "Nós vos rogamos" e não obstante ordenamos: nisso parece que o Príncipe derroga à sua majestade se a coisa for justa, ou à lei de Deus e da natureza se for injusta. Ora, o magistrado nunca deve ser rogado para cumprir o seu dever, nem desrogado para não fazer coisa que seja iníqua e desonesta, como dizia Catão o Censor, além do que o comando é incompatível com os rogos. Logo, para resolver esse ponto, se as cartas do Príncipe não atribuem conhecimento algum ao magistrado, nem do fato nem do direito, mas apenas a execução lhe é dada, o magistrado não pode tomar nenhum conhecimento se as cartas não foram notoriamente falsas, ou nulas, ou contra as leis da natureza. Seria o caso, por exemplo, se o Príncipe ordenasse aos magistrados que mandassem executar os inocentes, ou matar as crianças, como fizeram o Faraó e Agripa, ou roubar e saquear as pessoas pobres, como em nossa época o marquês Albert, entre suas nobres crueldades, mandava fincar forcas nas cidades que tinha tomado, e ordenava aos soldados que saqueassem e roubassem os habitantes sob pena de serem enforcados, ainda que ele não tivesse causa verdadeira nem verossímil de pegar em armas.

Ora, se o súdito de um senhor particular ou justiceiro não é obrigado a obedecer, em termos de direito, se o senhor ou o magistrado ultrapassar os limites do seu território ou do poder que lhe foi conferido, ainda que a coisa que ele ordena seja justa e honesta, como o magistrado seria obrigado a obedecer ou executar os mandamentos do Príncipe nas coisas injustas e desonestas? Pois nesse caso o Príncipe ultrapassa e rompe os limites sagrados da lei de Deus e da natureza. Se me disserem que não se pode encontrar Príncipe tão mal-educado e que não se deve presumir que ele queira ordenar algo contra a lei de Deus e da natureza, é verdade, pois perde o título e a honra de Príncipe aquele que age contra o dever de Príncipe. Mostramos acima[125] que o Príncipe nada pode contra a lei da natureza, e abordamos as distinções que se pode fazer entre as leis humanas, e o que quer dizer o poder absoluto, e qual peso tem a cláusula das cartas-patentes ASSIM É NOSSO DESEJO, o que pode esclarecer a questão relativa à obediência do magistrado para com o Príncipe, que depende totalmente do poder do Príncipe sobre o magistrado, na qual não queremos entrar, mas somente notar o dever do magistrado na execução dos mandamentos do soberano. Porém, há por vezes magistrados tão maus que fazem pior do que lhes foi ordenado, como é notório o caso de um que recebeu mandamento de recolher oitenta mil francos de uma província em caráter extraordinário e recolheu mais de quatrocentos mil, ainda recebendo recompensa. Todavia, o imperador Tibério, ainda que fosse chamado de tirano cruel, repreendeu acerbamente o governador do Egito por ter recolhido mais dinheiros do que havia sido ordenado, dizendo: *Tonderi meas oves, non cutem detrahi volo.*

Portanto, se o mandamento do Príncipe não for contrário às leis da natureza, o magistrado deve executá-lo, ainda que seja contrário ao direito das gentes, que pode ser mudado e alterado pela lei civil, que não diz respeito à justiça, e à equidade natural, que o Príncipe não pode alterar, mas somente o proveito e a utilidade, seja pública ou particular. Pois embora tenhamos dito que o Príncipe deve observar o juramento feito por ele ao seu povo, se ele se obrigou por juramento, e ainda que não se tivesse obrigado por juramento, ele deve observar as leis do estado e da República onde ele é soberano. Todavia, não se deve concluir que, se o Príncipe descumprir nesse caso o seu dever, o magistrado não lhe deve obedecer, pois não cabe ao magistrado tomar conhecimento ou contrariar de qualquer modo a vontade do seu Príncipe quanto às leis humanas, às quais o Príncipe pode derrogar. Porém, se o magistrado souber que o Príncipe cassou um édito mais justo ou mais proveitoso para dar lugar a outro menos justo e menos proveitoso para o público, ele pode suspender

---

[125] Capítulo da soberania.

a execução do édito ou mandamento até que tenha feito suas reclamações, como é obrigado a fazer, não uma, mas duas e três vezes. E se, apesar dessas reclamações, o Príncipe quiser ir adiante, então o magistrado deve executar e até mesmo a partir da primeira ordem, se o prazo for curto. A isso deve-se relacionar o que dizia Inocêncio antes de ser papa, que se deve executar os mandamentos do Príncipe mesmo que sejam iníquos, o que se entende da justiça e utilidade civil, mas não se o mandamento for contrário à lei natural.

A mesma interpretação deve servir para a opinião dos doutores, quando eles dizem que o Príncipe pode derrogar ao direito natural, que eles entendem como o direito das gentes e as constituições comuns aos outros povos, para que, sob a sombra da autoridade dos doutores ou da equivocação do direito natural, não se venha temerariamente abrir uma brecha na lei de Deus e da natureza. E se se disser que a lei do imperador Anastásio ordena expressamente que os juízes e magistrados não se limitem a tomar ciência das cartas e escritos outorgados aos particulares, contra os éditos e ordenanças gerais, eu respondo que isso se aplica caso não se derrogue expressamente à ordenança geral. E apesar da derrogação, o magistrado deve apresentar suas reclamações ao Príncipe. Embora a coisa seja prejudicial ao público e contrária às leis e ordenanças, ele deve ir adiante na segunda ordem, seguindo os termos da lei do imperador, a exemplo da qual foi feito o édito de Carlos IX sobre as reclamações dos magistrados ao Príncipe. Muito tempo antes disso, Teodósio o Grande tinha feito uma lei a pedido de Santo Ambrósio segundo a qual ele queria que a execução de suas cartas-patentes e mandamentos fosse suspendida trinta dias após a publicação destas quando se ordenasse que alguns fossem punidos mais rigorosamente que de costume, já que se havia matado sete mil tessálios por ordem de Teodósio, por causa da rebelião do povo e dos assassinatos cometidos contra a pessoa dos magistrados. Daí veio o costume de obter antigamente três escritos do papa, que eram chamados monitórios, jussórios e executórios.

Faremos o mesmo julgamento dos casos em que o Príncipe ordena por suas cartas-patentes que se proceda à execução da pena daqueles que desrespeitaram seus éditos e ordenanças, por longa tolerância do Príncipe ou dos magistrados, pois a tolerância do Príncipe e conivência dos magistrados, sob cujas vistas as ordenanças são infringidas, adia a pena merecida por lei, a qual não pode de modo algum ser infirmada pelo abuso daqueles que a desrespeitaram. Por conseguinte, o magistrado não deve proceder temerariamente à pena antes de ter feito republicar as ordenanças derrubadas pelo seu erro. O Príncipe, contudo, deve proceder contra os magistrados que, por negligência, deixaram que se aniquilasse o seus éditos. De outro modo, seria coisa mui iníqua e cheirando a tirania fazer éditos e, depois de tê-los desprezado por muito tempo, de repente proceder contra aqueles que, por exemplo, os teriam infringido por verem que os primeiros não haviam sido punidos. Esse foi um dos traços da tirania do cruel Nero e dos antigos tiranos. Ao contrário, o bom imperador Trajano[126] ordenou a Plínio, governador da Anatólia, que publicasse imediatamente os éditos que estavam completamente soterrados pela contravenção ou erro dos súditos e pela tolerância dos magistrados. Isso porque o erro comum é tido como lei se a lei da natureza não resistir ao erro que se pretende.

Mas, dirá alguém, o magistrado deve obediência aos mandamentos que ele crê serem contra a natureza, ainda que não sejam contrários à esta? Pois a justiça e razão que se diz natural nunca é tão clara que não encontre adversários, e frequentemente os maiores jurisconsultos encontram-se impedidos e de opiniões totalmente opostas, e as leis dos povos são às vezes tão repugnantes que uns dão recompensa e outros punem pelo mesmo fato. Os livros, as leis, as histórias estão cheias disso, e seria coisa infinita citá-las em detalhe. Respondo a isso que, se os antigos estavam certos em dizer que nunca se deve fazer o que se suspeita ser justo ou injusto, com mais razão deve-se agir assim quando se sabe com certeza que a coisa que o Príncipe ordena é injusta por natureza. Mas o magistrado, quando se trata apenas da justiça civil, deve verificar e pôr em execução os mandamentos, ainda que pense que sejam civilmente iníquos. Eis porque, em toda República, se faz com que todos os magistrados jurem observar as leis e ordenanças para que não coloquem em disputa aquilo que se deve considerar resolvido. Esse era o costume dos romanos, quando os antigos magistrados recebiam o juramento dos novos antes que estes assumissem o cargo, e isso se fazia no templo do Capitólio depois dos sacrifícios. De outra forma, o magistrado perdia seu estado se dentro de cinco dias não fizesse o juramento[127], e o magistrado que presidia os estados do povo obrigava em especial aqueles que haviam impedido a publicação de uma lei a jurar que a

---

126 Plínio, *Epístolas* liv. 10.

127 Lívio liv. 31 *in fine*.

observariam, sob pena de serem banidos[128]. Assim, L. Metellus Numidicus foi banido por decreto do povo por não ter querido jurar pelas leis publicadas a pedido do tribuno Saturnino.

E quando as ordenanças de Luís XII foram publicadas no Parlamento[129], como havia vários que não as consideravam boas o procurador-geral pediu que elas fossem observadas e que fosse feita proibição de colocá-las em dúvida, sob pena de lesa-majestade, como se vê nos registros da Corte depois da publicação das ordenanças. Mas como Luís XI havia antes feito uso de ameaças graves contra a Corte do Parlamento, que se recusava a publicar e verificar certos éditos que eram iníquos, o presidente Lavacrie, acompanhado de um bom número de conselheiros em togas vermelhas, foi fazer suas queixas e reclamações contra as ameaças que se fazia à Corte. O rei, vendo a gravidade, o porte, a dignidade desses personagens que preferiam renunciar aos seus cargos a verificar os éditos que lhes haviam sido enviados, espantou-se e, temendo a autoridade do Parlamento, mandou cassar os éditos na sua presença, rogando-lhes que continuassem a dispensar a justiça, e prometeu-lhes que não enviaria mais édito algum que não fosse justo e razoável. Esse ato foi de muito grande importância para manter o rei na obediência da razão, ele que sempre havia feito uso do poder absoluto, mesmo quando era apenas Delfim, época na qual mandou chamar os presidentes da Corte e lhes disse que teriam que apagar a cláusula DE EXPRESSO MANDATO, que a Corte havia mandado colocar na verificação dos privilégios outorgados ao condado do Maine, de outro modo ele não sairia de Paris se isso não fosse feito, e abandonaria a comissão que o rei lhe havia dado. A Corte ordenou que as palavras fossem apagadas, porém, para que se pudesse ver o que havia sido riscado, ela ordenou que o registro seria guardado, de modo que se encontra ainda tal como foi ordenado na data de 28 de julho de 1442.

Ora, as palavras DE EXPRESSO MANDATO e *de expressissimo mandato*, e às vezes *multis vicibus iterato*, que se encontram com muita frequência nos registros das cortes soberanas, na publicação dos éditos, têm tal consequência que tais éditos e privilégios não são observados, ou então são logo esquecidos e abandonados por negligência dos magistrados. Por esse meio o estado foi conservado na sua grandeza, quando de outra forma teria sido arruinado

---

128 Apiano, *Guerras civis* liv. 1.

129 Em 15 de junho de 1498.

pelos bajuladores dos Príncipes, que arrancam tudo o que querem. E os reis, julgando às vezes muito conveniente que se tenha usado essas restrições, sempre foram amados pelos súditos sem que a verificação surtisse efeito sobre os súditos nem desobediência ao rei, propriamente falando, nem peso na consciência dos magistrados.

Ainda se pode duvidar se é permitido ao magistrado abandonar seu estado ao invés de verificar um édito, uma comissão, um mandamento que ele tem certeza de que é injusto e contrário à razão natural quando a justiça destes é posta em dúvida, ou então se muitos sustentarem que o édito é justo, ao contrário dos outros. Pois as boas e vivas razões saem de um cérebro bem resolvido, o que só se encontra em muito poucos homens sábios e entendidos e que são sempre em número menor que os outros. Digo, nesse caso, que isso não é permitido ao magistrado, se não aprouver ao Príncipe soberano, abandonar seu estado, mas ele deve ser obrigado a obedecer aos mandamentos do Príncipe se a justiça destes, tendo sido posta em dúvida, for aprovada pela maioria dos magistrados que são encarregados de verificar os éditos. De outra forma, se lhe fosse permitido deixar o seu estado ao invés de passar um édito aprovado pelos outros, far-se-ia uma perigosa abertura para que todos os súditos recusassem e rejeitassem os éditos do Príncipe, e cada um no seu cargo poderia deixar a República em perigo e expô-la à tempestade como um navio sem leme, a pretexto de uma opinião da justiça que, talvez, seria proferida por um cérebro bizarro sem propósito nenhum, a não ser o de fazer obstáculo à opinião comum.

Santa ordenança de Luís XII

Eis porque, entre as louváveis ordenanças feitas por Luís XII, há uma que prevê que, se os juízes forem de três ou mais opiniões, aqueles que sustentam a minoritária serão obrigados a renunciar a ela e aderir a uma das majoritárias para concluir as sentenças. A Corte viu-se impedida na verificação da ordenança porque lhe parecia muito severo e estranho para muitos forçar a consciência dos juízes nos fatos que são submetidos à sua prudência e religião. Todavia, após ter considerado o inconveniente que se via suceder ordinariamente por causa da variedade de opiniões, e que o curso da justiça e a conclusão das sentenças era frequentemente impedida, a Corte verificou a ordenança, que por decurso de tempo foi julgada muito justa e útil. Era também costume dos antigos renunciar às opiniões, ainda que não fossem obrigados a isso, como se pode ver em Plínio[130] a respeito de um julgamento no qual uma parte dos juízes havia condenado o culpado à morte, outra o havia absolvido simples e integralmente, e outra o havia banido por algum tempo; aqueles que o haviam absolvido e condenado à morte aderiram ao banimento. Em tais disputas, não falha a regra dos sábios segundo a qual de duas coisas justas se deve seguir a mais justa, e de dois inconvenientes se deve seguir o maior; de outro modo, as ações dos homens nunca teriam fim.

Assim, pode-se dizer que a justiça de uma lei não é propriamente natural se ela for obscura e posta em dúvida, pois a verdadeira justiça natural é mais reluzente que o esplendor do Sol. Não obstante, desde a ordenança de Luís XII eu não ouvi falar que tenha havido magistrado que quisesse renunciar ao seu estado temendo ser forçado a manter uma opinião contrária à sua consciência, muito embora os estados de justiça fossem dados conforme a virtude. A ordenança de Luís XII não obrigou os juízes a julgar contra sua consciência, mas tacitamente permitiu-lhes renunciar ao seu estado; porém, digo que eles podiam justamente fazê-lo. Pelo mesmo motivo, os procuradores do rei obrigaram amiúde os juízes a observarem as ordenanças, ainda que todos os juízes fossem da opinião contrária. E lembro-me que o presidente de uma das câmaras de instrução de Toulouse, chamado Barthelemi, ao ver todos os conselheiros de sua câmara da mesma opinião num processo e diretamente contra a ordenança, obrigou-os, depois de mandar reunir todas as câmaras, a mudar de opinião e julgar segundo a ordenança. Todavia, no caso em que a injustiça seria evidente com relação ao fato que se apresentasse, os sábios magistrados acostumaram-se a avisar o rei para declarar sua ordenança, o que é um dos pontos pertencentes à majestade. Não cabe ao magistrado passar por cima da ordenança nem debater sobre ela quando é clara e sem dificuldade, mas ele deve estudá-la bem para executá-la ponto a ponto. De outra forma, se o magistrado julgar conscientemente contra a ordenança, a lei o taxa de infâmia, e se o fizer por ignorância ou sem pensar que seu julgamento pode ser contrário à ordenança, ele não é infame por isso, mas mesmo assim seu julgamento seria nulo por si só, de modo que antigamente não havia necessidade de apelar dele.

---

130 *Epístolas* liv. 8.

Ora, a diferença é muito notável entre os éditos e ordenanças publicados e aqueles que são enviados para publicação, pois todos os magistrados, devido ao juramento que fazem quando são empossados, juram observar as ordenanças, e se agirem de outra forma, além de incorrerem na pena aposta nos éditos, também estão sujeitos à nota de infâmia como perjuros. Porém, nos éditos e mandamentos não publicados que são trazidos a eles para verificação, eles têm liberdade de examiná-los e de fazerem suas reclamações ao Príncipe antes de publicá-los, como dissemos acima, ainda que se trate somente do interesse particular de alguém, e com mais razão se se tratar do interesse e dano que pode sofrer ou da utilidade que pode advir à República, a qual, se for muito grande, acaba cobrindo a injustiça do édito, como diziam os antigos. Mas não se deve proceder assim se o proveito, por maior que seja, se opuser à razão, nem seguir os lacedemônios, que não tinham outra justiça senão a utilidade pública, como diz Plutarco[131], a qual não havia juramento, nem razão, nem justiça, nem lei natural que substituísse quando se tratava do público.

Vale mais a pena deixar o estado que obedecer a coisa que seja contrária à lei da natureza

É muito mais conveniente para a República e mais adequado para a dignidade do magistrado renunciar ao estado (como fez o chanceler de Felipe II duque da Borgonha) do que aprovar uma coisa iníqua – embora o duque, ao ver a constância invariável do seu chanceler, que queria abandonar os selos, tenha revogado o mandamento que havia feito. Muitas vezes, essa constância e firmeza dos magistrados salvou a honra dos Príncipes e manteve a República em sua grandeza, quando se tratava da equidade natural. Mas se não há mais remédio para os erros do Príncipe soberano e se ele ordenar aos magistrados que suas ações sejam desculpadas perante os súditos, vale muito mais a pena obedecer e, ao fazê-lo, cobrir e sepultar a memória de uma malvadeza já feita do que, recusando, irritá-lo para que faça ainda pior e acrescente um infortúnio a outro, como fez Papiniano, grande preboste do Império e tutor junto aos imperadores Caracala e Geta, pelo testamento do imperador Severo, a quem Caracala ordenou que desculpasse perante o senado o assassinato cometido por ele contra a pessoa de seu irmão Geta. Ele não quis fazê-lo e talhou curta sua

---

131 Plutarco, *Alcibíades*.

resposta dizendo que não era mais fácil desculpar que cometer um parricídio. O imperador, irritado com tal resposta, mandou matá-lo e não parou, desde então, de matar, ferir e tiranizar sem oposição. Se Papiniano tivesse coberto o que não podia mais ser corrigido, teria salvo sua vida e feito contrapeso às tiranias e crueldades do imperador, que sempre o tinha tido em grande honra e muito respeito. Quis comentar esse erro que cometeu Papiniano, e que muitos louvaram altamente sem levar em consideração que a resistência que ele opôs não trouxe nenhum proveito e acarretou um dano irreparável aos negócios do Império, que ficou privado de um tão grande personagem, que podia mais que qualquer outro por ser príncipe do sangue e o maior magistrado. Se as coisas fossem perfeitas e se o imperador lhe tivesse ordenado que mandasse matar Geta, ou se ele não achasse ruim que aquele o tivesse matado, então teria havido justa causa para morrer em vez de obedecer ou consentir com o parricídio fraterno. Mas Sêneca e Burra, governadores de Nero, serão sempre criticados por ter aconselhado Nero que matasse sua mãe, tendo fracassado ao afogá-la[132], e o conselho, o mandamento e a execução de tal ato sempre serão julgados detestáveis.

Porém, postulemos o caso no qual o Príncipe tenha dado o mandamento e que já se tenha começado a executá-lo: se ele vier a revogar seu mandamento, o magistrado deve renunciar a ir adiante? Dir-se-ia de chofre que é preciso sustar sem ir adiante, segundo as máximas de direito. Mas digo que isso comporta distinção, a saber, se a coisa pode ser abandonada sem prejuízo para o público. Se ela estiver tão encaminhada que não se possa abandoná-la sem perigo evidente para a República, o magistrado deve ir adiante, como dissemos acima a respeito da guerra. Sobre isso disse o cônsul Marcelo[133]: *Multa magnis ducibus sicut non aggredienda, ita semel aggressis non dimittenda.* Mas se o magistrado, seguindo o mandamento que lhe foi dado, começou a executar os condenados ou aqueles que o Príncipe ordenou que fossem mortos, ele deve suspender a execução se o mandamento for revogado, e não fazer como o cônsul Fúlvio, que, tendo tomado Cápua e mandado vergastar e depois decapitar os senadores capuanos, recebeu cartas do senado romano segundo as quais deveria desistir e suspender a execução; ele guardou as cartas no peito sem lê-las, suspeitando do conteúdo destas, e continuou matando o

---

132 Suetônio, *Nero*; Tácito liv. 14.

133 Lívio liv. 24.

restante até chegar a 80[134]. É verdade que o senado não tinha poder nenhum para comandar os cônsules, como dissemos acima, porém no mais das vezes se obedecia ao senado. A causa principal pela qual os ganteses mandaram matar os 36 homens de sua lei após a morte de Carlos duque da Borgonha foi por terem condenado um homem à morte depois da morte do duque, sem confirmação do seu ofício, embora isso não fosse necessário.

Ora, tudo o que dissemos só se aplica às cartas de comando que não contêm nenhum conhecimento do fato. Mas o que diremos quando as cartas, no narrativo destas, comportam certos fatos que não são notórios, ou que pelo menos são desconhecidos do magistrado? É preciso distinguir se foi ordenado ao magistrado que conhecesse a verdade do fato ou não, ou então se o conhecimento do fato lhe é proibido expressamente pelas cartas.

O magistrado deve conhecer a verdade do fato

Quanto ao primeiro, há dúvida se o magistrado deve examinar se o narrativo das cartas é verdadeiro. Quanto ao segundo, alguns duvidaram, mesmo quando está escrito, que o Príncipe, sendo bem informado da verdade, tenha ordenado que se passasse à execução das cartas. Todavia, a opinião mais sadia é que o magistrado, num caso e no outro, deve conhecer a verdade do fato, pois quando não há nem proibição nem comando para conhecer o fato, ainda que esteja escrito que se deve passar à execução, o magistrado deve conhecer o fato. E a fim de que os magistrados não pretendessem causa de ignorância, o imperador Constantino fez um édito expresso sobre isso. Quanto ao outro ponto, se está escrito que se deve proceder à execução, estando o Príncipe bem informado da verdade do fato, mesmo assim o magistrado deve conhecer a verdade apesar da cláusula que mencionei, que não deve impedir o conhecimento não causar prejuízo algum a terceiros, muito menos ao público e ainda menos à verdade. Geralmente, em termos de direito, as cláusulas narrativas dos mandamentos, comissões, leis, privilégios, testamentos e sentenças não podem causar prejuízo algum à verdade. Mesmo assim, durante a tirania dos Sforza, eles fizeram uma ordenança segundo a qual toda fé e crença seria dada aos mandamentos e cartas do Príncipe. Tal ordenança foi cassada depois que os Sforza foram expulsos do estado de Milão pelos franceses.

---

[134] Lívio liv. 26.

Se for preciso dar fé ao narrativo das cartas e mandamentos do Príncipe, isso só pode se aplicar à declaração dos éditos, comissões, mandamentos ou julgamentos, que ninguém pode declarar a não ser eles mesmos, embora tais declarações sejam mais disposições que narrações. Mas se o Príncipe afirma por suas cartas que aquele que as impetrou é douto ou homem de bem, o magistrado não deve levar isso em consideração, mas deve investigar a verdade, pois o Príncipe entende que seja assim. Mas se o Príncipe deu um estado ou uma comissão a alguém, este é estimado digno e não cabe ao magistrado investigá-lo se o Príncipe não o permitir ou se tal não for o costume, como foi depois em Roma, e hoje em todo lugar, até mesmo com relação aos juízes. Assim se fazia antigamente para os senadores na época de Teodorico rei dos godos, o qual, ao escrever ao senado romano para receber um novo senador, disse: *Admittendos ad Senatum, examinare cogit sollicitus honor Senatus*, como lemos em Cassiodoro.

E se houver coisa que seja falsa contida no mandamento do Príncipe, outorgado em proveito dos impetrantes, o magistrado deve cassá-lo por completo. Ainda seria exigido em toda República que a ordenança de Felipe de Valois com relação aos dons, e a de Milão para todas as coisas, fosse mantida, segundo a qual é preciso que o impetrante dê a entender o que obteve anteriormente, ou outro além dele, no que tange ao fato contido nas cartas, se ele não o ignorava. E como os mandamentos que acarretam maior consequência para o público são os privilégios, dispensas, isenções e imunidades, os magistrados devem prestar atenção sobretudo nestes, principalmente nos estados populares, nos quais a desigualdade causada pelos privilégios provoca as sedições populares e frequentemente a ruína das Repúblicas. Por esse motivo, havia uma lei nas Doze Tábuas que proibia que se outorgasse algum privilégio ou dispensa sob pena da vida, a não ser pelos grandes estados do povo: *Privilegia nisi comitiis centuriatis ne irroganto: qui secus faxit, capitale esto*. Posteriormente, o imperador Constantino, ao escrever ao povo, disse que não se devia obter mandamento que fosse prejudicial ao fisco ou contrário às ordenanças, embora todos os privilégios sejam diretamente contrários às ordenanças, de outro modo não seriam privilégios.

E se se tratar de aprová-los depois da segunda ordem, ainda é preciso ser firme e declará-los tão estreitamente quanto se puder como coisa odiosa e contrária ao direito comum, e não tirá-los em consequência, como até agora fizeram as pessoas de justiça e os clérigos, que tiraram em seu proveito os privilégios outorgados às pessoas de armas, usando belas palavras como guarda forense, guarda celeste, e carregaram todo um fardo sobre os pobres camponeses, aos quais, na verdade, se deveria comunicar os privilégios. Não é necessário aqui entrar na disputa dos privilégios, o que seria coisa infinita, mas basta geralmente e de passagem avisar os magistrados que tomem cuidado com as cartas que comportam algum privilégio e que as examinem mais diligentemente do que se tem feito, por melhor que seja o relato que o Príncipe fizer daquele que obtém o privilégio, pois bem se sabe que os Príncipes muitas vezes nem conheciam aqueles que arrancavam os privilégios.

Perniciosa cláusula De motu proprio

Como não há trapaça nem sutileza que não se tenha procurado para fraudar as leis e abusar da religião do Príncipe e dos magistrados, inventou-se em Roma uma cláusula DE MOTU PROPRIO que se espalhou por toda a Europa, pois não há imperador nem rei, quando se trata de romper uma lei ou cassar um édito e dar lugar às dispensas e privilégios, que não acrescente estas palavras, "Por nossa própria iniciativa", ainda que os Príncipes tenham sido importunados e quase forçados a outorgar aquilo que se lhes pediu. Sabe-se bem que sempre há testemunhas no Campo de Fiori que depõem sobre a virtude, probidade, saber e prudência de alguém que estiver do outro lado do mundo, para introduzir a cláusula DE MOTU PROPRIO, que escusa todos os impetrantes de cartas, ainda que sejam mui iníquas, e em virtude dessa cláusula o conhecimento das sub-repções e ob-repções cessa, se aceitarmos a opinião de alguns, muito perniciosa e perigosa para um estado e que nunca foi levada em consideração na França, segundo a qual nem sempre foi lícito investigar a veracidade do fato. Como era fácil contornar o Príncipe e os magistrados quando os mandamentos, cartas-patentes e escritos tinham caráter perpétuo, foi santamente ordenado que eles só seriam válidos depois de findo o ano e que não teriam efeito algum até a verificação ou execução destes. E me parece que a ordenança de Milão é ainda melhor, a saber, que os mandamentos e cartas-patentes endereçados ao senado não serão mais válidos uma vez findo o ano, nem aqueles endereçados aos magistrados uma vez expirado o mês, e que não apenas se coloque o ano e o dia, mas também a hora. Assim se faz em quase toda a Alemanha, seguindo a opinião de vários jurisconsultos, para encerrar os processos e diferendos que surgem quanto aos dons, ofícios e benefícios outorgados no mesmo dia a diversas pessoas, como foi decidido pela assembleia do terceiro estado em Blois atendendo ao pedido feito por Bodin deputado do Vermandois.

O terceiro ponto de nossa distinção era saber se, quando o Príncipe proíbe expressamente pelas suas cartas-patentes que se tome conhecimento dos fatos contidos no narrativo destas, ainda que os fatos sejam falsos ou duvidosos, o magistrado deve tomar conhecimento deles. Parece que ele deve conhecê-los, pois dissemos que ele pode e deve conhecer e investigar os fatos contidos nos escritos, mesmo que o Príncipe declare saber a verdade. Digo, no entanto, que não cabe ao magistrado passar por cima das proibições do Príncipe soberano, pois há muita diferença quando o Príncipe declara que conhece a verdade e quando ele proíbe investigá-la. Pois quanto a ele, presume-se que foi ludibriado, e que se tivesse sabido, não teria afirmado como verdadeiro o que era falso. Por exemplo, se desse uma judicatura a um soldado ou um estado de capitão a um advogado, nem um nem outro deveriam ser aceitos pelo magistrado, nem gozar do benefício, se acontecer que o soldado se diga advogado e o advogado se diga soldado, visto que a qualidade pretendida teria dado ensejo ao Príncipe de se enganar. Porém, quando o Príncipe proíbe ao magistrado de tomar conhecimento do fato, deve-se presumir que ele compreendeu bem o que estava fazendo e que não quis que o magistrado tomasse conhecimento disso. Mas ele poderá fazer uso do remédio que mencionamos acima, e mostrar ao Príncipe a verdade e a importância de seu mandamento. Depois, tendo cumprido seu dever, ele obedecerá imediatamente se receber ordem. De outro modo, a majestade do Príncipe soberano seria ilusória e sujeita aos magistrados, embora não haja tanto motivo para temer que a majestade seja diminuída quanto para suspeitar que os outros magistrados, e depois o povo, seriam induzidos a desobedecer ao Príncipe, o que acarretaria a ruína do estado.

Se me disserem que o Príncipe não deve ordenar nada que seja iníquo, eu o admito, pois o Príncipe nunca deve, se for possível, ordenar algo que seja passível de repreensão ou calúnia, ou se souber que seus magistrados são de opinião contrária e que será necessário usar coerção contra eles. Afinal, por esse meio o povo ignorante é levado à desobediência e ao desprezo dos éditos e ordenanças, mesmo tendo sido publicadas e aceitas por força e impressão. Mas trata-se de saber o que deve fazer o magistrado se o Príncipe, infringindo seu dever, ordena algo contra a utilidade pública e contra a justiça civil, à condição que não haja nada contra a lei de Deus e da natureza. E se é certo que o mais simples magistrado deve ser obedecido, ainda que ordene coisa iníqua, *ne Praetoris majestas contempta videatur*, como diz a lei, não se deve mais ainda obedecer ao Príncipe soberano, de cuja majestade dependem todos os magistrados? Pois isso é repetido em várias leis, que se deve obedecer ao magistrado, quer ele ordene coisa justa quer injusta, de acordo com a opinião de todos os sábios que escreveram sobre isso[135]. A tal respeito dizia Cícero, embora fosse inimigo capital dos tribunos do povo, que se deve obedecer à oposição iníqua dos tribunos *quo nihil praestantius: impediri enim bonam rem melius est, quam concedi male.* E antes ele dissera: *nihil exitiosius civitatibus, nihil tam contrarium juri, ac legibus, nihil minus civile est et humanum, quam composita et constituta Republica quicquam agi per vim.* E quem é que não sabe que já se viu os súditos armarem-se contra o Príncipe soberano, vendo a desobediência e recusa que faziam os magistrados de verificar e executar seus éditos e mandamentos? Todavia, clama-se "o édito é pernicioso para o público, nós não podemos nem devemos verificá-lo, isso deve ser objetado"; porém, vendo-se o querer do Príncipe firme e imutável, deve-se colocar o estado em perigo? Deve-se se deixar forçar? Seria mais honesto abandonar o estado e o ofício. Mas existe coisa mais perigosa ou mais perniciosa que a desobediência e o desprezo do súdito para com o soberano?

Concluiremos, portanto, que vale muito mais a pena vergar sob a majestade soberana com toda obediência do que, ao recusar os mandamentos do soberano, dar exemplo de rebelião para os súditos. Assim, levamos em conta as distinções que fizemos acima, e o mesmo é válido quando se trata da honra de Deus, que é e deve ser para todos os súditos maior, mais caro, mais precioso que os bens, a vida e a honra de todos os Príncipes do mundo. E para saber como devemos nos portar temos, entre vários exemplos, o de Saulo, que ordenou sem causa que se matasse os sacerdotes: não houve pessoa alguma que quisesse obedecer, salvo Doeng, que realizou sozinho a execução. Temos o belíssimo exemplo de Petrônio, governador da Síria, que recebeu mandamento de colocar a estátua do imperador Calígula no local mais belo do

---

135 Platão, *Críton*; Cícero, *Pro Cluentio*.

templo de Jerusalém, o que havia sido feito em todos os templos do Império, mas os judeus nunca o haviam tolerado nos seus templos, e haviam jogado fora, rompido e quebrado todas as imagens, até os escudos dos imperadores que haviam sido colocados à força. Irritado com isso, Calígula usou um mandamento expresso e rigoroso.

Exemplo memorável da prudência do magistrado e constância de um povo

Petrônio reuniu as velhas turmas das guarnições e levantou um poderoso exército para executar sua comissão. Os judeus deixaram as cidades e a cultura da terra e foram em grandes grupos mostrar a ele que ele não devia temer tanto um homem mortal quanto cometer uma malvadeza tão detestável contra a majestade de Deus, e suplicaram-lhe que recebesse com bons ouvidos sua constância, que era melhor morrer do que ver aquilo feito. Todavia, Petrônio lhes disse que sua vida estava em jogo, e para espantá-los fez marchar seu exército sobre Tiberíades, onde o povo acorreu de todas as partes desarmado e resolveu morrer ao invés de ver a imagem colocada no templo, abaixando as cabeças diante do exército com o qual Petrônio havia cercado todo o povo. Porém, vendo a firmeza desse povo e a afeição tão ardente à honra de Deus, que preferiam morrer a ver apenas a estátua de um homem no templo de Deus, ele se modificou por completo e lhes prometeu que enviaria suas reclamações ao imperador, e que preferia morrer a executar sua comissão, resgatando sua vida pelo preço do sangue inocente de tantas pessoas. Apesar das reclamações, o imperador enviou-lhe mandamento iterativo, com ameaças rigorosas de fazê-lo sofrer todos os tormentos que podia imaginar se não executasse a comissão. Mas o navio que levava a comissão foi desviado pela tempestade, e entrementes chegou a Petrônio a notícia de que o imperador tinha sido morto. Desse modo, o sábio governador, tendo cumprido com sua consciência perante Deus e seu dever para com o Príncipe, e mostrado grande piedade para com os súditos, foi divinamente garantido contra as crueldades com que fora ameaçado.

Mas também é preciso prestar muita atenção para que o véu da consciência e da superstição mal fundada não abra caminho para a rebelião, pois, quando o magistrado recorre à sua consciência para a dificuldade que ressente em executar os mandamentos, ele faz sinistro julgamento da consciência de seu Príncipe. É preciso, portanto, que ele esteja bem seguro do verdadeiro conhecimento do Deus eterno e da verdadeira adoração que lhe é devida e que não reside nas mines aparência. Eu daria outros exemplos se não temesse que aqueles que são chamados de pagãos nos causassem vergonha, pois o amor fervoroso da honra de Deus está tão amornado e até resfriado pela passagem do tempo que existe o perigo que ele acabe por congelar de vez.

Falamos da obediência do magistrado para com o soberano: falemos agora do poder do magistrado sobre os particulares.

Capítulo V

Do poder dos magistrados sobre os particulares

Dissemos que o magistrado é o oficial que tem comando público. Ora, tem comando aquele que tem poder público de obrigar aqueles que não querem obedecer ao que ele ordena ou que infringem suas proibições, e aquele que pode levantar as proibições feitas por ele. Pois a lei que diz que a força das leis reside em comandar, proibir, permitir e punir é mais própria aos magistrados que à lei, que é muda. E o magistrado é a lei viva que faz tudo isso, visto que a lei em si só comporta os comandos e proibições, que seriam ilusórios se a pena e o magistrado estivessem aos pés da lei para aquele que a infringe. Não obstante, propriamente falando a lei só contém a proibição e as ameaças por falta de cumprimento, visto que aquele que comanda proíbe que se infrinja seu comando. Quanto à permissão, ela não é lei, pois a permissão suspende as proibições e não comporta nem pena nem ameaça, sem as quais a lei não pode existir, visto que a lei não significa outra coisa senão o comando do soberano, como dissemos. E por mais que ameaça ou pena seja aposta à lei, jamais, no entanto, a pena se segue à desobediência sem que isso seja dito pela boca do magistrado, de modo que toda a força das leis reside naqueles que têm o comando, seja o Príncipe soberano, seja o magistrado, quer dizer, o poder de obrigar os súditos a obedecer ou de puni-los. Nisso reside a execução dos comandos, que Demóstenes chamava de nervos da República.

A força do comando reside na coação

Eu disse poder público por causa da diferença que existe com o poder doméstico. Eu disse poder de obrigar por causa da diferença com aqueles que têm conhecimento das causas, que julgam e dão sentenças e mandam comparecer diante de si, mas não têm poder de obrigar nem de pôr em execução suas sentenças e comandos, como os antigos pontífices e hoje em dia os bispos, e antigamente os comissários delegados pelos magistrados, que tinham poder de conhecer as causas que lhes eram atribuídas, de condenar e até com frequência de mandar comparecer as partes diante de si, mas não tinham poder de obrigar, de modo que enviavam suas sentenças aos magistrados para ratificá-las, cassá-las e mandar executá-las se bem lhes parecesse. Eis porque a lei diz que aquele que tiver levado à força alguém que estava sendo conduzido aos comissários dados pelos juízes não estará sujeito à pena da lei, a qual ele teria sofrido se o comissário tivesse comando. Do mesmo modo, hoje em dia, por nossos costumes e ordenanças, os juízes comissários têm poder de comandar e mandar executar suas sentenças pelos sargentos e outras pessoas públicas, em virtude das comissões que expedem, seladas com seu selo. Mas os bispos, não tendo poder algum de obrigar, enviam suas sentenças aos magistrados para executá-las, como fazem em todo o Oriente os cádis e paracádis, que têm conhecimento de todos os processos e não têm poder algum de obrigar, de modo que enviam seus julgamentos aos *subachis*, que detêm o comando e a força.

Dissemos que a primeira obrigação de todos aqueles que têm poder de comandar é a apreensão, tanto sobre as pessoas quanto sobre os bens, que os antigos chamavam de *prehensio*. Pois de nada vale mandar comparecer diante de si, nem julgar, nem condenar a pagar multa se não se tem a apreensão para apreender os bens ou a pessoa daquele que desobedece. Mostramos que tem apreensão quem não tem poder de mandar comparecer diante de si, nem de conhecer, nem de levantar o confisco, nem de soltar aqueles que colocou na prisão, como mostramos dos tribunos do povo, dos 11 magistrados em Atenas, do triúnviro capital em Roma, dos *avogadours* em Veneza, das gentes do rei e procuradores daqueles que têm direito de fisco nos outros reinos e Repúblicas, e dos comissários do Châtelet de Paris, que podem aprisionar e apreender, mas não podem levantar o confisco, o que compete somente aos magistrados, que têm poder de condenar e absolver, e conhecer uns dos bens, outros dos bens e da honra, outros ainda dos bens, da honra e das penas corporais até a morte exclusive, outros inclusive; e quem, sujeito à apelação, executa apesar da apelação.

A mais alta marca da majestade

O último grau é o poder de vida e de morte, isto é, o poder de condenar à morte e de dar a vida àquele que mereceu a morte. Essa é a mais alta marca de soberania, e própria da majestade, com exclusão de todos os magistrados, como dissemos acima. Assim, podemos julgar que há duas maneiras de comandar por poder público, uma com soberania, que é absoluta, infinita e superior às leis, os magistrados e os particulares; a outra é legítima, sujeita às leis e ao soberano, que é própria dos magistrados e daqueles que têm poder extraordinário de comandar, até que sejam revogados ou que sua comissão expire. O Príncipe soberano não reconhece, depois de Deus, nada maior do que si mesmo; o magistrado recebe seu poder, depois de Deus, do Príncipe soberano, e permanece sempre sujeito a ele e às suas leis; os particulares reconhecem, depois de Deus (que sempre deve ser colocado em primeiro), seu Príncipe soberano, suas leis e seus magistrados, cada qual na sua alçada. Pelo nome de magistrados, entendo também aqueles que têm jurisdição anexada aos feudos, visto que a detêm tanto do Príncipe soberano como dos magistrados. Desse modo, parece que somente os Príncipes soberanos têm poder de comandar e podem usar propriamente estas palavras, *impero et jubeo*, que significava antigamente *volo*, e *imperium*, vontade. Já que o querer de cada magistrado e de todos aqueles que têm poder de comandar está ligado ao soberano e depende inteiramente dele, que pode alterá-lo, mudá-lo e revogá-lo segundo sua vontade, por essa causa não há nenhum magistrado, nem todos em conjunto, que possam colocar nas suas comissões "Tal é nosso querer", sob pena de morte, pois apenas o Príncipe soberano pode fazer uso dessa cláusula nos éditos e ordenanças.

Notável questão disputada diante do imperador Henrique VII

Daí surgiu uma questão notável que ainda não foi decidida, a saber se o poder do gládio, que a lei chama de *merum imperium*, é próprio do Príncipe soberano e inseparável da soberania, e se os magistrados não têm *merum imperium*, mas somente a execução da alta justiça, ou então se tal poder é próprio dos magistrados, aos quais o Príncipe o comunicou. Essa questão foi disputada entre Lotário e Azo, os dois maiores jurisconsultos de sua época, que escolheram por árbitro o imperador Henrique VII quando este estava em Bolonha a Gorda e apostaram um cavalo, que deveria pagar aquele que seria condenado pelo imperador. Lotário levou o prêmio de honra, mas a maioria dos outros jurisconsultos sustentou a opinião de Azo, dizendo que Lotário *equum tulerat, sed Azo aequum*. Depois houve quem sustentasse a opinião de Lotário, de modo que a questão ficou indecisa. Porém, ela precisa ser resolvida devido à importância de suas consequências.

A dificuldade adveio do fato que Lotário e Azo não tinham conhecimento do estado dos romanos, cujas leis e ordenanças expuseram, nem levaram em conta a mudança ocorrida sob os imperadores. Pois é certo que, anteriormente, não havia um só magistrado em Roma, nem todos em conjunto, que tinha o poder do gládio sobre os cidadãos. E, o que é muito menos, eles não tinham nem o poder de condenar um cidadão às vergastadas, desde a Lei Pórcia, publicada a pedido de Catão tribuno do povo[136] no ano da fundação de Roma 454, por meio da qual o povo retirou não apenas dos magistrados esse poder, mas também despojou a si mesmo dele, podendo ainda, no entanto, permitir aos condenados por qualquer crime que deixassem o país. Além disso, não havia um único magistrado que tivesse o poder de julgar um cidadão se fosse questão de honra ou de crime público, pois o povo miúdo reservara para si o conhecimento dessas causas; e se se tratasse da vida ou da perda do direito de burguesia, somente os grandes estados do povo tinham conhecimento

---

136 Lívio liv. 10; Cícero, *Pro Rabirio perduellionis reo*; Salustiano, *Catilina*.

desses casos, como era ordenado pelas leis que eram chamadas de sagradas[137]. E embora elas não fossem rigorosamente observadas, por tê-las infringido Cícero foi banido e perdeu todo seu patrimônio.

Depois, o ditador Sula publicou as leis dos julgamentos públicos, por meio das quais se erigiu a título de ofícios ordinários um certo número de pretores, que deviam julgar o que o povo miúdo julgasse antes, ou deputava comissários para julgar, como os homicídios, as concussões, o peculato, a lesa-majestade. Mas isso era feito de tal modo que os pretores tinham sua incumbência por escrito e não podiam desviar um só ponto dela[138], pois sorteavam um certo número de juízes particulares entre aqueles que podiam ser juízes segundo as leis judiciais. Depois de ter ouvido diante do povo todo as acusações e defesas de ambas as partes, levava-se a cada juiz três tabuletas de cores diversas; numa havia um A, na outra um C e na terceira N.L., para absolver, condenar ou ordenar que se continuasse a investigar[139], o que eles diziam *ampliare et amplius quaerere*. Os juízes jogavam num vaso uma das três tabuletas sem pronunciar palavra, e isso feito contava-se os votos. Se houvesse mais tabuletas com a letra C, o pretor vestia sua toga de tecido púrpura, subia num alto pedestal em praça pública e, às vistas de todo o povo, pronunciava estas quatro palavras: REUS PARUM CAVISSE VIDETUR, quer dizer, que parecia que o acusado não havia deixado de mal agir; ou então *Non jure videtur fecisse*, ou *Videtur provinciam spoliasse*. Era a antiga modéstia e maneira de falar, por medo de serem considerados mentirosos, como por estas palavras SI QUID MEI JUDICII EST de repente a pena das leis era executada: o condenado deixava o país, os recebedores apreendiam seu patrimônio, e se ele não obedecesse às leis o triúnviro capital o punha na prisão.

Eis a forma ordinária das condenações públicas feitas pelos magistrados e pela qual se pode julgar que os juízes eram simples executores das leis, sem poder acrescentar nem diminuir um único ponto. Mas quando o povo julgava, o que sempre ocorria extraordinariamente, como fazem todos aqueles que têm a soberania, a pena estava contida na sentença, como nesta aqui: *Si M. Posthumius ante Calendas Majas non prodisset, neque excusatus esset, videri eum in exilio esse: ipsi aqua et igni placere interdici*, o que não era a pena das

---

137 Cícero, *Pro Rabirio perduellionis reo* e *Pro domo sua*.

138 Ascônio, *Comentário a Cícero*; Cícero, *Pro Cluentio, Contra Verres*.

139 *Absolvo, condemno, non liquet.*

leis, mas do povo. Essa forma durou algum tempo depois que a República foi transformada de popular em monarquia, como se pode ver no tempo de Papiniano, o que deu ensejo à disputa de Lotário e Azo, pois ele põe esta máxima: "Que tudo que é atribuído aos magistrados por ordenança ou lei especial não está no poder deles transferi-lo a ninguém". E por isso, diz ele, os magistrados falham quando transferem esse encargo a outros, a não ser que estejam ausentes, o que não ocorre, diz ele, com aqueles que têm poder sem adstrição a leis especiais, mas somente em virtude de seu ofício, que eles podem transferir mesmo que estejam presentes. É o que diz Papiniano ao usar a expressão *Exercitionem publici iudicii*, como se dissesse que aqueles que têm a majestade soberana reservaram para si o poder do gládio e concederam, por lei especial, a execução do mesmo aos magistrados; é a opinião de Lotário. E Azo entendia por essas palavras que o direito e o poder do gládio eram atribuídos aos magistrados.

Ora, não resta dúvida que a opinião de Lotário seria verdadeira se ele só tivesse falado dos antigos pretores romanos e que se tivesse adstrito aos termos da regra de Papiniano. Porém, ele falhou ao tirar dessa máxima a mesma consequência para todos os magistrados que houve depois e que existem em todas as Repúblicas, com conhecimento dos homicídios, roubos, concussões e outros crimes semelhantes que lhes são atribuídos na instituição de seu ofício. Pois os imperadores e jurisconsultos, tendo percebido num golpe de vista os inconvenientes e a injustiça que se fazia ao condenar todos os homicídios à mesma pena, ou ao absolver todos eles e fazer o mesmo com os outros crimes que eram chamados de públicos, acharam melhor instituir certos magistrados que poderiam, segundo sua consciência e religião, aumentar e diminuir as penas, conforme julgassem razoável que devesse ser feito. E o primeiro foi Augusto, que além das tabuletas marcadas com A, C e N.L. ordenou uma quarta tabuleta por meio da qual era permitido ao juiz perdoar aqueles que tinham errado por causa da fraude de outrem ou seguindo falso testemunho, como lemos em Suetônio.

Assim, pouco a pouco se abandonou a ordem e circuito antigo contido nas leis judiciais, do qual sobrou ainda a pena fixada por cada uma, sem que se pudesse aumentá-la nem diminuí-la, exceto nos casos de que falei. Com frequência, os imperadores encarregavam o senado ou os mais dignos magistrados para conhecer extraordinariamente os maiores personagens ou os crimes mais qualificados e puni-los conforme julgassem melhor, sem obrigá-los às leis penas e ordinárias[140]. E na época de Papiniano o imperador Severo deu poder ao grande preboste de Roma para conhecer extraordinariamente todos os crimes, sejam quais fossem, que fossem cometidos dentro e fora da cidade num perímetro de quarenta léguas. Até mesmo os pretores que só tinham conhecimento das causas civis e dos crimes particulares conheciam vários crimes extraordinários por prevenção com o grande preboste, e ainda mais os governadores das províncias, que tinham, como diz a lei, jurisdição amplíssima e poder do gládio, e por esse motivo eram chamados de potestades, tanto mais que, antes da instituição do grande preboste, eram somente os governadores das províncias que tinham o poder do gládio, e por isso se chamam ainda hoje na Itália *podestats*.

Ora, é notório que, pelas máximas de direito, os magistrados que conhecem extraordinariamente podem condenar à pena que quiserem, sem fraude, como diz a lei. Portanto, é preciso concluir que o grande preboste e os governadores de país, bem como todos aqueles que conhecem extraordinariamente algum crime público, seja por comissão seja em virtude de seu ofício, têm poder de julgar, condenar ou absolver, e não somente a execução da lei, à qual não estão sujeitos a esse respeito.

Porém, para esclarecer esse ponto, é preciso resolver duas questões, a saber, se o ofício pertence à República ou ao Príncipe soberano, ou se é próprio daquele que dele é dotado, ou comum ao público e ao súdito; o segundo ponto é saber se o poder que é outorgado pela instituição do magistrado é próprio daquele que dele é dotado na qualidade de magistrado ou se pertence à pessoa do Príncipe, restando a execução ao magistrado, ou se é comum ao Príncipe e ao magistrado. Quanto à primeira questão, não há dificuldade em saber que todos os estados, magistrados e ofícios pertencem à República em propriedade (salvo na monarquia senhorial), cabendo o preenchimento dos cargos àqueles que têm a soberania, como dissemos acima. Os cargos não podem ser apropriados pelos particulares, a não ser por outorga do soberano e consentimento dos estados, confirmado por uma longa posse a título de boa fé, como se fez com os ducados, marquesados e condados e todas as jurisdições feudais, que antigamente eram comissões revogáveis ao arbítrio do soberano e pouco a pouco foram outorgadas vitaliciamente aos particulares, depois a

---

140 Tácito; Suetônio, *Tibério, Vespasiano*.

eles e aos seus sucessores varões, e por decurso de tempo às mulheres, até que enfim se tornaram uma forma de patrimônio em diversos reinos. Portanto, se estivermos falando do poder do gládio ou outra jurisdição dos feudatários, não há dúvida que a propriedade lhes pertence, prestando fé e homenagem e confessando detê-la do soberano, salvo os direitos de alçada e de soberania.

Os ducados, condados e marquesados eram antigamente simples comissões

Há outros ofícios que não têm nem jurisdição nem comando, mas apenas um simples cargo público e servil, como os quatro ofícios dos esquentadores de cera neste reino. Outros são instituídos em forma de feudos, como várias sargenterias na Normandia que são chamadas feudadas. Também se quis tornar hereditários os condestáveis da Normandia e de Champagne e os grandes camareiros, mas os pretendentes foram alijados por vários decretos, dentre os quais há um decreto solene nos registros da Corte, dado no ano de 1272. É verdade que a palavra "condestável" não era antigamente outra coisa senão o capitão de uma companhia, que eles chamavam de estabelecida e conestabelecida, como lemos amiúde em Froissard e na câmara de contas. Eu vi por extrato este artigo dos condes de Caux na Normandia: soma das estabelecidas, 17 cavaleiros, cento e seis escudeiros, 25 besteiros e 365 sargentos e condestáveis. Lemos também que, por decreto do ano de 1274, Simão conde de Montfort foi despojado do direito sucessório que pretendia para o estado de marechal da fé, que os senhores de Mirepoix se atribuem em suas qualidades. E como havia certos marechais de França que queriam que seu estado continuasse com seus sucessores, eles foram despojados por decreto dado no Parlamento em 22 de janeiro de 1361, como se vê nos registros da Corte, onde está expressamente dito que os estados de marechais de França são da alçada da Coroa, e seu exercício outorgado aos marechais enquanto viverem.

Ora, embora o poder dos marechais só valha para o fato da guerra, como foi julgado por sentença de 25 de agosto de 1459, a disciplina militar comporta em si o poder do gládio, ainda que este não seja atribuído por édito ou lei expressa e não tenha nada em comum com os éditos e ordenanças da polícia nem dos outros magistrados. Pois embora o poder do gládio e mesmo das vergastadas tenha sido retirado de todos os magistrados romanos pela Lei

Pórcia, que mencionamos acima, mesmo assim o cônsul tinha todo poder de vida e de morte sobre os guardas sem que houvesse nenhum meio de apelação, como diz Políbio[141], e por essa causa, diz ele, os cônsules têm poder de realeza. Mas ele não prestou atenção que os pretores, ditadores, questores e todos os outros capitães em chefe tinham o mesmo poder[142]. Assim, pelas cartas do condestável de França, o poder do gládio não lhe é concedido; porém, tendo ele a condução da guerra, e na sua ausência os marechais de França, o poder do gládio lhes é atribuído, sem o qual a disciplina militar não pode ser mantida. Desse poder até agora abusavam os simples capitães, matando os soldados sem forma nem aparência de processo, até que o rei Henrique lhes proibisse que fizessem uso dele dessa maneira, por édito expresso, publicado a pedido do senhor Dandelot quando este era coronel da infantaria.

Portanto, se os magistrados militares e capitães em chefe têm, em todas as Repúblicas, o poder do gládio sem limitação alguma nem restrição da forma de proceder, nem das penas, para a variedade de crimes e delitos, tudo segundo sua discrição e julgamento, não se pode dizer que sejam simples executores da lei, visto que não têm lei à qual estejam sujeitos a esse respeito. Por conseguinte, é preciso concluir que o poder do gládio é transferido para a sua pessoa, segundo a regra de Papiniano, e que, pela mesma razão, eles podem delegar esse poder, ainda que estejam presentes, e reter dele o que bem lhes parecer, o que não poderiam fazer se fossem obrigados, por lei especial, a conhecer eles mesmos e seguir palavra por palavra as solenidades e penas contidas nas ordenanças. Eis porque a lei diz que o pretor urbano tinha poder de delegar a quem bem lhe parecesse, ainda que estivesse presente, o qual não tinham os pretores das causas públicas, pois o pretor urbano conhecia todas as causas civis e criminais (exceto as causas que eram chamadas públicas) entre os burgueses de Roma, como também fazia o pretor estabelecido para as causas entre os estrangeiros e os burgueses, e eles condenavam ou absolviam aqueles que tinham comparecido diante deles segundo sua discrição, vergando, suplantando e corrigindo o rigor e a brandura das leis. Porém, quando a lei lhes atribuía alguma causa em particular, ainda que fosse à sua consciência, nesse caso eles não podiam delegar, como se pode ver em vários exemplos mencionados pelos jurisconsultos.

---

141 *De militari ac domestica Romae disciplina* liv. 6.

142 Lívio liv. 2 e 4; Sêneca, *De ira* liv. 2; Cícero, *Filípicas* 3.

Esse ponto esclarecido nos encaminha para a decisão do outro, a saber, se o poder outorgado aos magistrados em virtude da instituição que é feita de seu ofício é próprio do ofício, ainda que o ofício não seja próprio da pessoa. Pois Papiniano, ao dizer que os comissários e suplentes não têm nada próprio, mas usam o poder e jurisdição daqueles que os delegaram e deputaram, mostra suficientemente que o poder é próprio daqueles que delegaram e deputaram, sejam eles Príncipes soberanos ou magistrados, e em caso semelhante a lei dizia que o governador de país tem todo poder depois do Príncipe em seu governo; portanto, ele não pertence unicamente ao Príncipe. Mas o nó da questão depende principalmente dessa distinção, na qual os doutores não prestaram atenção: a saber, que há grande diferença em dizer que o poder ou jurisdição é próprio do magistrado na qualidade de magistrado, ou então na qualidade de particular. Pois não decorre do fato que a jurisdição é própria do pretor que a pretoria seja própria da pessoa, mas, ao contrário, a lei diz que ele a tem em depósito e que é guardião dela. Por isso dizemos "guarda do prebostado", que é falar propriamente e mostrar que os estados e magistraturas permanecem na posse e propriedade da República tal como o depósito continua do senhor, e que a guarda deles é confiada àqueles que deles foram providos. Pelo mesmo motivo, os bailios são assim chamados por causa da palavra "*bail*" (guarda), quer dizer, guardiões, e o bailiado antigo de Florença de dez deputados era guardião do estado e da soberania. Eis porque a Corte do Parlamento, na sentença sobre os marechais de França mencionada acima, diz que seus estados eram do domínio próprio da Coroa e que o exercício lhes pertencia enquanto vivessem.

Assim, podemos decidir a questão geral e sair dos termos da hipótese de Lotário e Azo, que falaram somente do poder do gládio, e concluir que, todas as vezes que os magistrados ou comissários são obrigados pelas leis e ordenanças a comandar e fazer uso do poder que lhes é concedido na forma e maneira que são prescritas, seja na forma de proceder, seja na pena, sem poder acrescentar ou diminuir nada, nesse caso eles não passam de simples executores e ministros das leis e dos Príncipes, não tendo poder algum a esse respeito, seja para os fatos da polícia, da justiça ou da guerra, ou os tratados entre os Príncipes, ou as missões dos embaixadores; e naquilo que lhes é permitido é deixado à sua discrição, nesse caso a faculdade e o poder residem neles. E assim como há dois pontos principais em toda República, que os magistrados devem ter diante dos olhos, a saber a lei e a equidade, assim também diremos que há a execução da lei e o dever do magistrado, que os antigos chamavam de *legis actionem, et judicis officium*, o qual consiste em comandar, decretar ou executar. E assim como a palavra *iudicium* se aplica propriamente àquilo que é ordenado pelo magistrado segundo os termos da lei, assim também a palavra *decretum* se aplica propriamente àquilo que o magistrado ordenou segundo a equidade, sem lei. Por essa causa todos os decretos do Príncipe se chamam propriamente *decreta* e não *judicia*, pois o Príncipe soberano não está sujeito à lei. Nisso se enganam aqueles que chamaram de *decreta* outra coisa que não a sentença do senado nas deliberações resolvidas por sua própria decisão, ou o decreto do Príncipe soberano, ou o que o magistrado ordenou sem obrigação de lei nem costume.

Ora, a mesma proporção que existe entre a lei e a execução desta existe entre a equidade e o dever do magistrado. Do mesmo modo, nos casos em que os magistrados não estavam sujeitos à lei, eles se assemelhavam aos árbitros, e aqueles que estavam totalmente vinculados às leis assemelhavam-se aos juízes delegados apenas para conhecer o fato, que não tinham poder algum de conhecer o mérito nem a justiça da causa. Um é servil, o outro é nobre, um está obrigado à lei, o outro não está, um reside no fato, o outro no direito, um é próprio do magistrado, o outro é reservado à lei, um está escrito nas leis, o outro está fora da lei, um está no poder, o outro fora do poder do magistrado. E para melhor perceber essa diferença, a lei diz que não é lícito apelar da pena contida nas leis pronunciada pelo magistrado, mas somente daquilo que o juiz tiver declarado que o acusado é culpado. Porém, é permitido apelar da pena atribuída pelo magistrado. Isso porque a pena da lei é do Príncipe, e dela não há apelação.

Eis sumariamente a distinção pela qual não somente a questão de Azo e de Lotário é decidida, mas também uma infinidade de outras questões que dizem respeito ao encargo e dever dos magistrados e nas quais muitos se enredaram deveras, uns por terem desprezado a prática, outros por não terem visto nada da teoria, a maioria por não ter compreendido o estado dos romanos, ainda que fossem bastante exercitados e entendidos em todas as partes do direito, mas quanto aos magistrados, seu poder e autoridade viram-se muito confundidos. Até mesmo Du Moulin, honra dos jurisconsultos, seguiu a opinião de Alciat e de Lotário, sem as distinções que postulamos, e acrescentou que o poder de nomear lugares-tenentes neste reino foi retirado dos senescais e bailios porque são meros usuários deste e porque o usuário não pode tornar usuário uma outra pessoa. Isso é uma razão sem fundamento, como mostramos acima. Além do que, não faz cem ou cento e vinte anos no máximo que Carlos VII e VIII foram os primeiros a instituir os lugares-tenentes dos bailios e senescais a título de ofício. E se tal razão se sustentasse, por que então Papiniano diria expressamente que os magistrados podem deputar e delegar na sua presença, tão longamente e com a limitação que quiserem, as coisas que detêm em virtude de seu ofício e que são próprias ao seu estado? Ora, os estados e ofícios eram muito menos próprios e menos ligados às pessoas do que são hoje, pois agora são perpétuos e em Roma duravam apenas um ano. Não obstante, eles delegavam quem bem lhes parecia, e os jurisconsultos até fizeram livros especialmente sobre aqueles a quem a jurisdição era delegada, livros que teriam sido inúteis se a razão do usuário ao magistrado fosse aceitável.

Quanto aos antigos doutores, eles se confundiram de tal maneira que fica evidente que não entenderam nada do estado e governo da República dos romanos, sem o que é impossível decidir algo no que toca a essas questões. Pois os romanos haviam propriamente separado o ofício do lugar-tenente do procônsul, que eles chamavam de *legatum*, do deputado com título de comissário particular, que eles chamavam de *judicem datum*, e daquele a quem o poder de comandar fora concedido pelo magistrado, que eles chamavam de *eum cui mandata jurisdictio est*. Os doutores confundiram tudo junto sob a palavra "delegado", o que seria coisa longa e supérflua de refutar, pois não temos outro objetivo senão tratar o que concerne ao estado e dever dos magistrados em geral. Ora, assim como antigamente faziam-se esforços para atar as mãos dos magistrados, governadores, embaixadores, capitães e lugares-tenentes, e obrigá-los a seguir as leis, a instrução, a forma prescrita e as penas, sem tirar nem pôr, agora faz-se exatamente o contrário, pois quase não há República onde as penas não estejam ao arbítrio e poder dos magistrados, e em quase todas as causas civis todos os interesses são arbitrários, sem levar em consideração as penas contidas nas antigas leis dos romanos nem as decisões de interesse civil. Quanto a estas últimas, o imperador Justiniano, ao querer resolvê-las numa lei para obrigar o magistrado ao poder das leis, provocou perturbação entre todos os juízes e jurisconsultos que quiseram seguir sua lei, impossível e incompatível com as leis antigas. Por fim, viram-se obrigados a deixar o assunto à consciência e religião dos juízes, devido à variedade infinita das causas, dos tempos, dos lugares, das pessoas, infinidade que não pode ser abrangida por leis nem ordenanças, sejam elas quais forem.

E embora haja algumas penas e multas contidas nos éditos, com proibição de reduzi-las, não obstante os magistrados podem desconsiderá-las, como no caso do édito sobre os falsários feito pelo rei Francisco I e que condenava à pena de morte, seja em causas civis ou criminais: os Parlamentos, bailios e senescais que o publicaram, verificaram e registraram pura e simplesmente não o observam, tendo mostrado por decurso de tempo que era iníquo, por causa da variedade infinita de causas que não admitem semelhante decisão. Eu disse acima que se instituiu um novo oficial em Roma, que era o preboste da cidade, com poder de corrigir, suplantar e emendar os costumes e ordenanças no que dizia respeito à sua jurisdição. Cada ano, o novo pretor, na tribuna das arengas, depois de ter agradecido o povo pela honra que havia recebido[143], dava a ouvir os éditos que tinha planejado, depois mandava pintá-los em lugar público. Todavia, não eram leis, pois nem os estados, nem o povo miúdo, nem o senado, nem os cônsules, nem os outros pretores, nem os tribunos, nem os sucessores no mesmo ofício estavam vinculados a eles, mas somente os particulares e naquilo que dizia respeito ao poder do pretor. Por isso dizia Cícero[144]: *Qui plurinum edicto tribuunt, legem annuam appellant: tu plus edicto complecteris quam lege*, pois o magistrado, por maior que seja, não pode derrogar à lei, e menos ainda ab-rogá-la.

Não se deve entender que o jurisconsulto, quando diz que o pretor podia corrigir, emendar ou suplantar as leis, diga que ele tinha poder de derrogar a elas ou de cassá-las, o que era o mais alto ponto da soberania. Isso se aplica, porém, à declaração das leis obscuras e ao fato de que podem ser equanimemente vergadas, sem todavia rompê-las nem infringi-las. Eis porque a lei diz geralmente que o pretor não podia nunca dar a posse dos bens àqueles que, pelas leis e ordenanças, não podiam ser herdeiros. Tampouco estava no poder dos pretores nem de todos os magistrados juntos nomear algum herdeiro, pois isso se fazia somente em virtude das leis, através das quais o magistrado declarava que a sucessão pertencia a tal ou tal. E embora vários éditos fossem muito mais equitativos que as leis, o primeiro pretor que quisesse (sem levar

---

143 Cícero, primeira oração *In Rullum*.

144 *In praetura urbana*.

em consideração os éditos de todos os seus predecessores) podia fazer éditos novos, ou então colocar novamente em uso as leis que já estavam envelhecidas. Foi essa a causa pela qual o tribuno Ebúcio apresentou requerimento ao povo, que o aprovou com força de lei[145], para que os artigos da Lei das Doze Tábuas que não estavam mais em uso por decurso de tempo fossem pela lei expressa cassados e abolidos, o que não teria sido feito se os pretores, em virtude de seus éditos, tivessem podido derrogar as leis. Até mesmo os pretores que haviam feito os éditos não estavam sujeitos a eles, mas não deixavam de estimar exatamente o contrário, o que Cícero criticou em Verres ao dizer: *Ille nulla religione motus, contra quam edixerat decernebat.* Não obstante, essa crítica não tinha muito fundamento, pois assim como ninguém está sujeito à lei que faz, assim também ele pode por boa e justa causa derrogá-la.

Porém, alguns anos antes havia sido ordenado pelo povo, a pedido do tribuno Cornélio[146], que todos os magistrados seriam obrigados a observar seus éditos ao julgar, o que subtraiu muitas indulgências e favores que os magistrados faziam a quem bem lhes parecesse. Todavia, como essa lei fora publicada contra a opinião de muitos[147] e contra a natureza das leis, que nunca podem obrigar aqueles que as fazem, ela foi logo aniquilada. Por isso ela não se encontra em todo o direito, embora os magistrados, nos seus fatos particulares, fossem obrigados a aceitar os mesmos éditos, julgamentos e ordenanças que haviam dado e feito praticar aos outros. Porém, apesar disso, a liberdade sempre permaneceu aos magistrados de derrogar aos seus éditos, quer fossem publicados para o ano em que eram pretores, quer por um mês, quer por poucos dias. E geralmente a lei diz que o magistrado pode revogar seu mandamento e proibir o que ordenou, embora não possa revogar o que julgou e pronunciou com conhecimento de causa.

Nisso muitos se enganaram ao chamar o simples comando do magistrado de *praeceptum*, e não de *edictum*, que não é outra coisa, dizia Varrão, *quam magistratus jussum*, e pensaram que tal comando verbal não obrigava, segundo a opinião dos antigos doutores. Se isso fosse verdade, por que a lei ordenaria que se obedecesse ao simples mandamento do magistrado sem levar em consideração se o mandamento é justo ou injusto? E o jurisconsulto

---

145 Gélio liv. 16.

146 Ascônio Pediano, *In Cornelianam*; Díon liv. 26.

147 Ascônio, *ibidem.*

Meciano dizia: *Reipublicae interesse, ut injustis et ambitiosis decretis pareatur*. E mesmo todos os antigos filósofos e legisladores não recomendaram nada mais estritamente[148]. Ora, é mais provável obedecer ao simples mandamento verbal, que só vale por um dia, do que aos mandamentos que valem por um ano, como eram todos os éditos dos magistrados, já que a execução de um é mais fácil que a do outro. Além do mais, as leis, as ordenanças, os decretos e as sentenças por si mesmos não obrigam ninguém, se a comissão, isto é, o comando não estiver presente. E os magistrados romanos tratavam muito pouco de julgar, mas apenas comandavam que se obedecesse às sentenças daqueles que eles delegavam para julgar. Portanto, se o seu mandamento verbal não obrigasse ninguém, eles não seriam obedecidos. É por isso que a lei permite a todos os magistrados condenar a pagar multa se não forem obedecidos, sem distinção entre o mandamento verbal e a comissão de que se trata, ou as ordenanças que fazem, ou os julgamentos que dão.

Desse erro decorreu um maior, pois uns seguindo os outros sustentaram que é lícito resistir de fato e com força aos magistrados *vim inferentibus* (é a expressão que eles usam), seja em justiça, seja fora de juízo. Ora, a diferença é bem grande entre uma coisa e outra, pois o magistrado, fora de juízo e fora da qualidade de magistrado, não é nada mais que um particular. E se ele ultrajar alguém, pode-se resistir a ele, tal como a lei o permite. Porém, quando ele executa seu encargo na sua alçada, sem exceder sua jurisdição, há dúvida se se deve obedecer, seja com razão ou sem, como diz a lei. Se ele exceder sua alçada ou seu poder, não se está obrigado a obedecer-lhe se o excesso é notório de fato, mas é preciso defender-se por meio de oposições e apelações. Se não houver possibilidade de apelação, ou se ele prosseguir sem considerá-la e sem remetê-la ao superior, nesse caso há distinção: ou o dano é irreparável, ou então ele pode ser reparado. Se o dano puder ser reparado, não é lícito opor resistência alguma. Se for irreparável, como nos casos de vida ou de pena corporal, e se o magistrado quiser passar à execução sem deferir a apelação, nesse caso seria lícito resistir, não para ofender o magistrado, mas somente para defender a vida daquele que estaria em perigo, e se a defesa não for fraudulenta. De outro modo, não é permitido resistir ao magistrado na execução forçada dos bens, ainda que ele exceda seu poder e que não defira a

---

148 Platão, *Críton*; Cícero, *Pro Cluentio* e *De Legibus* liv. 3.

apelação, ou que cometa injúria, haja vista que se pode prover por apelações, por requerimentos civis, por ações de injúria e outros meios justos e legítimos.

Mas não há lei divina nem humana que permita vingar injúrias de fato e de força contra os magistrados, como pensaram alguns que abrem brechas aos rebeldes para perturbar todo o estado, pois se fosse permitido ao súdito vingar-se de fato e de força contra os magistrados, usar-se-ia os mesmos argumentos para resistir aos Príncipes soberanos e espezinhar as leis. Ora, as leis sempre tiveram a via de fato em tão grande horror que elas mesmas restituem os ladrões e bandidos aos lugares que ocupavam injustamente se forem expulsos deles pela força, e despojaram os verdadeiros senhores de seus direitos quando procederam por via de fato. Da mesma forma, nos casos de explorações dominiais, o senhor deve proceder através de seus juízes. Pois a opinião mais sadia é que os senhores particulares, seja qual for a jurisdição que tenham, só podem explorar por intermédio de seus oficiais se se tratar de ato seu. E a lei que diz que não se deve permitir aos particulares o que pode ser feito pelo magistrado contém sua justificativa: *ne occasio sit majoris tumultus faciendi*. Também a Lei das Doze Tábuas, que diz VIS IN POPULO ABESTO, não se aplica somente à força e violência das armas, mas também aos casos em que se quer obter algo de outra maneira que não a via de justiça. E se não é lícito ao verdadeiro senhor apor ele mesmo seu selo às coisas que lhe pertencem, estando em posse de outrem, como poderia ser ilícito ao senhor feudal apreender e explorar a terra cuja propriedade é de outrem? Ademais, a máxima de direito natural não tolera que ninguém seja juiz de sua própria causa.

Pois dessa questão depende uma outra, relativa ao poder e à autoridade do magistrado, a saber se ele pode condenar aquele que comete injúria contra ele, questão que ainda está indecisa. Todavia, sem prosseguir na disputa, é e sempre foi lícito a todos os magistrados que exercem seu estado ou comissão condenar e castigar aqueles que falarem com eles temerariamente, e proceder contra eles com multas e apreensões de corpos e de bens, segundo o poder e a jurisdição dados a eles. Se a injúria for tal que mereça punição corporal, então os magistrados devem despojar-se da pessoa pública e receber justiça da mão de outrem, a não ser que a injúria seja feita a um corpo e colégio de juízes; nesse caso, eles podem conhecer e julgar o crime, não para vingar a injúria feita a eles, mas à República, que é ofendida muito mais do que aqueles que ocupam o cargo de magistrado. E embora a lei diga que a ação por injúria é facilmente contestada e que é logo esquecida por negligência, isso se aplica aos particulares e não às pessoas públicas, inclusive os magistrados, os quais não se pode ultrajar sem incorrer em crime de lesa-majestade. Por esse motivo, o crime cometido contra a pessoa do magistrado, a indignidade do fato e a pena aumentam.

Digo contra a pessoa do magistrado não somente quando ele exerce seu estado, mas também em qualquer lugar onde ele esteja portando as marcas de magistrado ou onde seja conhecido como tal ele deve ser inviolável e, como diziam os antigos latinos, *sacrosanctus*. Por isso, a lei publicada para a segurança dos magistrados se chamava *Horatia de sacrosanctis Magistratibus*, concebida nestes termos[149]: *Qui Tribunisplebis, Aedilibus, Judicibus nocuerit, eius caput Jovi sacrum esto: familia ad aedem Cereris, Liberi, Liberaeque vaenum ito*. Uns quiseram dizer que a palavra *judices* se aplica aos cônsules, que eram então os únicos juízes entre todos os magistrados, o que parece conter alguma razão[150], pois eles se chamavam primeiramente pretores e depois juízes, e depois que sua jurisdição para a cidade foi atribuída a um pretor especial eles foram chamados cônsules. Todavia, parece que a lei, ao colocar os juízes depois dos tribunos e dos pequenos fiscais (pois os grandes fiscais, que eles chamavam de *aediles curules*, ainda não haviam sido instituídos), quis abarcar todos os juízes, visto que a lei não foi publicada a pedido de um tribuno em detrimento dos cônsules, mas pelo cônsul Horácio. Isso porque, quarenta e quatro anos antes, a Lei *Junia sacrata* havia sido publicada para a segurança dos tribunos[151]. Acrescente-se que a pessoa dos juízes, que têm poder sobre os bens, a vida e a honra, está muito mais sujeita aos perigos que a dos outros oficiais. Por esse motivo, a lei não disse "quem matar um juiz", mas quem o ultrajar, por pouco que seja, quer dizer, *nocuerit*. E cabe notar que a lei não diz apenas "no exercício de seu estado", pois isso seria abrir brechas para matá-los em qualquer outro lugar.

Enganou-se aquele que, tendo recolhido as sentenças da Corte, pensou que um gentil-homem havia sido condenado por sentença a ser arrastado sobre uma grade e depois ter o punho cortado e seu corpo despedaçado,

---

149 Promulgada no ano da fundação de Roma 303. Lívio liv. 3; Dionísio liv. 5.

150 Cícero, *De Legibus* liv. 3; Varrão, *De lingua latina* liv. 2; Festo liv. 14; Lívio liv. 3.

151 Dionísio liv. 6; Lívio liv. 2; Cícero, *Pro Sextio*.

seu patrimônio confiscado e quinhentas libras de multa por ter atingido o conselheiro no braço com um golpe de espada enquanto este o interrogava. Pois bem se sabe que não é costume vir ser interrogado com a espada de lado. Porém, se o magistrado estava com vestes disfarçadas ou incógnito, ou se à noite ele rondava as ruas, como fazia o edil Aulo Hostílio, que foi maltratado ao tentar forçar a porta de uma cortesã e mandado embora coberto de vergonha quando se queixou disso ao povo. Nesse caso, o ultraje feito a ele não deve ser punido como feito ao magistrado. Do mesmo modo, um certo tribuno do povo, ao querer atentar contra a honra de uma jovem, foi pego pelo triúnviro capital e por ele punido como um escravo ou estrangeiro[152], e abandonado pelos outros tribunos seus colegas, embora as leis sagradas contivessem proibição com pena sobre a vida de ofender um tribuno e de ordenar que fosse punido por qualquer coisa que fosse. Em caso semelhante, se o magistrado estava mascarado e os particulares mascarados portando as marcas de magistrados, como se fazia em Roma durante a festa de Cibele[153], a injúria feita ao magistrado não seria punida como feita ao magistrado. Exceto esses casos, o magistrado deve ser tido como tal em qualquer lugar onde esteja.

E não somente não é lícito ofender ou ultrajar os magistrados com atos nem com palavras, mas é necessário respeitá-los e honrá-los como aqueles a quem Deus dá esse poder. Isso os romanos de antigamente faziam de modo bem diverso do que se faz hoje, pois os próprios censores taxaram de ignominioso e degradaram um burguês romano de sua ordem por ter respirado e bocejado um pouco alto demais na sua presença[154]. E no senado dos areopagitas era proibido rir, como diz o orador Ésquines contra Timarco. Um outro chamado Vectius foi morto imediatamente por não ter se levantado quando o tribuno do povo passou diante dele[155]. De fato, o imperador Valentiniano chama de sacrilégio não fazer honra aos magistrados. Também lemos que o filho de Fábio Máximo, ao ver de longe seu pai que vinha em sua direção, e que os lictores, por reverência paterna, não ousavam mandá-lo apear, ordenou-lhe que apeasse[156]. O pai obedeceu e abraçou seu filho, estimando ainda mais do

---

152 Valério Máximo liv. 8.

153 Herodiano, *Cômodo*.

154 Valério Máximo liv. 2.

155 Plutarco, *Graco*.

156 Plutarco, *Fábio*.

que se tivesse agido de outra forma. Pois o poder doméstico deve se curvar, diz a lei, sob a autoridade pública. É verdade que então os estados eram dados de acordo com a virtude, e não a quem oferecesse mais. No entanto, mesmo se são comprados, não se deve sob esse pretexto vir a desprezar o magistrado, o que não se pode fazer sem desprezar a Deus, que dá esse poder seja da maneira que for. Por esse motivo disse Deus, ao falar a Samuel: "Não és tu, mas sou eu que eles desprezaram". E se os zombeteiros forem tocados pelo temor de Deus, eles não poderão negar que não seja mais que necessário obedecer, respeitar e honrar os magistrados para a conservação das Repúblicas e sociedades dos homens, o que os antigos representaram, como diz Ésquines, pela deusa Pitarquia, que significa a obediência dos súditos para com os Príncipes e magistrados, a qual eles chamaram de mulher de Júpiter Salvador, cujo casamento engendrou Felicidade.

O magistrado também deve dar boa opinião de si, de sua justiça, prudência e suficiência, para que os súditos tenham a oportunidade de honrá-lo, e não tolerar que, por sua indignidade, a honra da República seja vilipendiada, pois o crime contra a pessoa de um magistrado redobra. De fato, Sólon, num artigo de suas leis, permitiu que se condenasse à morte o magistrado que seria encontrado embriagado, o que mostra quanto o vício era então reprovado e a boa opinião exigida dos magistrados. Muitos esforçam-se para evitar isso por um excesso de rigor e severidade das penas, outros querem obter favor por meio do perdão, mas ambos são reprovados pela lei. Nisso muitos se enganaram, os quais, tendo o poder das penas sem lei, pensaram que a equidade reside na brandura contra o rigor das leis. Na verdade, a equidade é de tal natureza que não tem nada em comum nem com o rigor, nem com a misericórdia, mas se parece com a regra lésbica, a qual, por ser de chumbo, verga tanto para um lado como para o outro. Se o delito for maior que as penas contidas nas leis ordinárias, o magistrado que conhece extraordinariamente deve aumentar a pena; se a falta for menor, ele deve abrandar a pena e não pretender o título de magistrado piedoso, que é um dos vícios do qual se deve fugir tanto quanto ou até mais que da crueldade. Pois a crueldade, apesar de ser criticável, mantém os súditos na obediência das leis, ao passo que a brandura excessiva faz desprezar os magistrados e as leis, assim como o Príncipe que as estabeleceu. É por isso que a lei de Deus proíbe expressamente ter piedade do pobre em julgamento.

Há outros que julgam bem e que não se deixam entregar à piedade, à qual os homens são naturalmente mais inclinados que o rigor, mas eles não sabem conservar a gravidade que convém ao magistrado. Assim, viu-se em nossa época um dos primeiros magistrados deste reino, na mais alta sede de justiça e no exato momento em que condenava à morte, mostrar alguns traços de riso. Augusto agia de modo bem diverso, pois, embora fosse estimado muito íntegro e reto na justiça, só condenava à morte suspirando, como diz Sêneca. Outros, ao contrário, encolerizam-se, ameaçam e injuriam aqueles que julgam, como fazia ordinariamente o imperador Cláudio[157], que um dia jogou o canivete nos olhos daquele que julgava, com um rosto mais bestial que imperial. Não que eu queira criticar as admoestações e repreensões acerbas que o magistrado deve fazer aos acusados, ainda mais quando ele quer aplicar punição mais branda àqueles que falharam por erro. Pois é uma das coisas mais exigidas do magistrado que ele dê a entender a gravidade das faltas, tanto para que os culpados saibam o que mereceram quando para induzi-los ao arrependimento, e ao fazê-lo a punição tem menos acerbidade e mais proveito. Foi o caso de Papírio Cursor, que Tito Lívio[158] coloca acima de todos os homens de sua época e que tinha uma dignidade incrível de bem comandar, e mesmo assim a severidade que ele empregava era mesclada a uma gravidade branda, tal como ele fez saber a um capitão dos prenestinos que tinha acorrido após a batalha. Papírio lhe mostrou seu rosto, com uma voz que fazia tremer qualquer um, e de repente ordenou ao lictor que desatasse a massa. O capitão estava certo de que iria morrer, mas Papírio disse ao lictor que cortasse um toco de árvore que o impedia de caminhar. E condenou o capitão a uma boa multa, que este pagou com gosto, pensando que lhe haviam dado a vida. E, se o tivessem matado, havia o perigo de causar revolta entre os aliados, o que ele não teria perdoado a um romano.

Mas assim como há grande diferença entre as faltas que se cometem na guerra e alhures – pois, como dizia um antigo capitão, não se pode falhar duas vezes na guerra –, assim também é preciso que os magistrados militares empreguem uma outra forma de comandar, de punir, de executar as penas, diversa da que se usa na paz, tanto mais que a disciplina militar deve ser muito mais severa que a doméstica. Todavia, não que o rigor deva se transformar

---

[157] Suetônio, *Cláudio*.

[158] Liv. 9.

em crueldade, como se viu muitos capitães que só se mostravam valentes ao matar soldados sem ouvi-los. Sêneca cita um ato do procônsul Pisão como exemplo de crueldade exibida contra os soldados[159]: tendo visto um soldado que retornava só ao campo, ele o condenou à morte porque tinha retornado ao campo sem companheiro, pressupondo que o tivesse matado. O soldado afirmou que este chegaria depois dele. Pisão não quis aceitar essa desculpa e o enviou ao suplício. No momento em que se ia executá-lo, seu companheiro se apresenta cheio de vida. Então o capitão que estava encarregado da execução retorna ao procônsul com os dois soldados. O procônsul, irritado, manda matar os três: o primeiro porque havia sido condenado, o segundo porque havia sido a causa da condenação e o capitão porque não tinha obedecido. De modo que, pela inocência de um homem, ele mandou matar três. Isso não é usar justamente, mas abusar muito cruelmente de seu poder. Mas a crueldade era tanto mais detestável que não havia meio de apelação, nem de requerimento civil, que obstasse ao rigor da disciplina militar.

Resta falar do poder que os magistrados têm uns com relação aos outros.

---

159 *De ira* liv. 3.

Capítulo VI

Do poder que os magistrados têm uns sobre os outros

Em toda República bem ordenada há três graus de magistrados: o mais alto é aquele que se pode chamar soberano, que reconhece apenas a majestade suprema; os médios obedecem a uns e comandam outros; no grau mais baixo estão aqueles que não têm nenhum comando sobre os magistrados, mas somente sobre os particulares sujeitos à sua alçada. Quanto aos magistrados soberanos, uns têm poder de comandar todos os magistrados sem exceção, os outros reconhecem somente a majestade e só têm poder sobre os magistrados sujeitos à sua jurisdição.

É perigoso nomear um magistrado que tenha comando sobre todos os outros

Quanto aos magistrados soberanos que têm poder sobre todos os outros e só reconhecem o soberano, há muito poucos deles, e menos hoje do que antigamente, por causa do perigo que existe de que o estado seja invadido por aquele que tem sob seu poder todos os súditos e carece apenas de um grau para aceder à soberania. E principalmente se o magistrado que tem esse poder é único e sem companheiro, tendo a força nas suas mãos, como o grande preboste do Império, que era chamado de *Praefectum Praetorio*, o qual tinha comando sobre todos os magistrados em todo o Império, conhecia as apelações de todos os governadores e magistrados[160] e não estava sujeito à apelação. Não obstante, os primeiros que tiveram esse estado eram apenas capitães das legiões pretorianas, como Seio Estrabo, o primeiro a prover esse ofício sob Augusto, e Sejano sob Tibério. Mas os imperadores que vieram depois lhes deram pouco a pouco pleno poder, como aos seus lugares-tenentes gerais e amigos mais íntimos, descarregando sobre eles o conhecimento de todos os negócios e das causas que tinha costume de julgar. Por essa causa o cargo foi provido pelos maiores jurisconsultos, como Marciano sob Oto, Papiniano sob Severo, Ulpiano sob Alexandre, antes que se separasse as armas das leis e as pessoas de justiça dos capitães. Depois o estado de grande preboste foi dividido em dois, em seguida em três, para reduzir seu poder. Podemos dizer o mesmo dos grandes Prefeitos do Palácio e dos príncipes de França neste reino, assim como do lugar-tenente geral do rei, que não poderiam de forma alguma ser equiparados o primeiro paxá da Turquia e o grande *edegnare* do Egito, sob o principado dos sultões. Mas o primeiro paxá cede aos filhos dos Príncipe, que comandam e presidem na ausência do pai, e o grande *edegnare* não tinha comando sobre os capitães das fortalezas, não mais que na Turquia, nem neste reino, nem no estado de Veneza, nem na Espanha.

Assim, o poder soberano de comandar todos os magistrados e oficiais sem exceção não deve ser dado a um só, a não ser em caso de necessidade e somente por comissão, como se fazia antigamente com os ditadores e hoje com os regentes, na ausência, furor ou pouca idade dos Príncipes soberanos. Digo na ausência pois é certo que, na presença do soberano, todo o poder dos magistrados e comissários cessa e eles não têm poder nenhum para comandar nem os súditos, nem uns aos outros. Assim como os rios perdem seu nome e seu poder na embouchure foz do mar, e as luzes celestes na presença do Sol, tão logo ele se aproxima do horizonte, perdem sua claridade, de modo que parecem devolver a luz total que tomaram emprestada do Sol, assim também vemos que aquele que porta a palavra do Príncipe soberano, seja no conselho

---

160 Flávio Vopisco, *Floriano*.

privado, seja na Corte soberana, seja nos estados, colocando-se aos seus pés, usa estas palavras: O REI VOS DIZ.

Na presença do soberano todo o poder dos magistrados fica suspenso

E se o rei estivesse ausente, o chanceler ou presidente, que ocupam o lugar do rei acima de todos os Príncipes, decidiria segundo a opinião da maioria, em nome da Corte ou do corpo e colégio com poder de comandar e jurisdição ordinária. Como o chanceler Poyet, presidente do Grande Conselho, na ausência do rei usava com frequência esta forma de falar, O REI VOS DIZ, foi acusado de lesa-majestade, além dos outros pontos de acusação. Nisso muitos se enganam ao pensar que a verificação dos éditos, cartas ou privilégios é feita pela Corte quando o rei está presente, visto que a Corte fica de mãos atadas e que apenas o rei comanda. Eis porque aquele que porta a palavra pelo rei fala deste modo: "O rei vos diz que na dobra destas cartas será colocado que elas foram lidas, publicadas e registradas, tendo sido ouvido seu procurador", sem acrescentar "tendo pedido" ou "tendo consentido", pois o parecer do procurador não serve de nada na presença do mestre. Também lemos que, na assembleia dos estados do povo romano, todos os magistrados abaixavam os feixes e as massas em sinal de humildade, e falavam de pé para o povo sentado, mostrando que não tinham nenhum poder de comandar. E todos os magistrados procediam por requerimento usando estas palavras: VELITIS, JUBEATIS. E o povo, quando dava seu consentimento em voz alta, diante da lei *Cassia tabellaria*, usava estas palavras: *Omnes qui hic assident volumus jubemusque*. E as tabuletas levavam as letras A e U, R: *antiquo, uti rogas*. Do mesmo modo, do povo de Atenas ficava sentado enquanto os magistrados falavam de pé[161].

Mas alguém dirá que, se de fato os magistrados não tinham nenhum poder de comandar os particulares nem uns aos outros na presença daqueles que tinham a soberania, porque então o tribuno do povo enviou seu meirinho ao cônsul Ápio para lhe impor silêncio? E o cônsul, para pagar-lhe na mesma moeda, lhe enviou seu lictor para clamar bem alto que ele não era magistrado? Respondo que tal debate ocorria com frequência entre os magistrados, até entre

---

161 Plutarco, *Fócion*.

os cônsules e tribunos. Mas não se deve concluir daí que um tivesse poder de comandar o outro na presença do povo, como foi bem observado ao primeiro presidente Le Maistre sobre o diferendo das vestes entre o Parlamento e a Corte de Ajuda, que deviam acompanhar o rei. Aconteceu que o presidente fez proibições e usou de comandos com relação à Corte de Ajuda, e embora o rei não estivesse tão perto que pudesse ouvir o comando, todavia foi dito ao presidente que não cabia a ele comandar em lugar onde estava o rei, ainda que tivesse comando sobre a Corte de Ajuda.

Ainda se pode dizer que, se os magistrados não tivessem poder de comandar, não seriam mais magistrados, e a prerrogativa das precedências não seria tão cuidadosamente observada na presença do rei como de fato é. Eu digo que os magistrados permanecem em seus ofícios, e por conseguinte em suas dignidades e honras; é apenas o poder de comandar que fica suspenso. Em caso semelhante, uma vez nomeado o ditador todos os magistrados permaneciam em seus estados e ofícios, mas o poder de comandar ficava suspenso; assim que a comissão do ditador expirava, eles comandavam, o que não teriam feito se a magistratura e ofício lhes tivessem sido retirados realmente e de fato. Isso servirá de resposta ao que se poderia deduzir como argumento daquilo que se lê nos autores antigos: *Creato dictatore, magistratus abdicant*, que só se aplica ao seu poder, que ficava suspenso por algum tempo. E vale a máxima geral que o poder do menor seja suspenso na presença do superior, pois de outra forma o súdito poderia comandar contra a vontade do senhor, o servidor contra o gosto do mestre, o magistrado contra a opinião do Príncipe, coisa que traria prejuízo inevitável à majestade soberana, a não ser que o Príncipe se despojasse da pessoa de soberano para ver comandar seus magistrados, como o imperador Cláudio ia amiúde ver os magistrados em público, e sem se disfarçar colocava-se abaixo deles, deixando-lhes o lugar mais digno[162]; ou então se o Príncipe quisesse tolerar o julgamento dos seus oficiais, estando presente.

Pois a máxima de direito que quer que o magistrado igual ou superior possa ser julgado por seu companheiro ou inferior quando está submetido ao seu poder vale na pessoa de todos os Príncipes soberanos para serem julgados não somente pelos outros Príncipes, mas também pelos seus súditos. E embora possam julgar em causa própria aqueles a quem Deus deu o poder

---

162 Suetônio, *Cláudio*.

de dispor sem julgamento, como dizia Xenofonte[163], não obstante convém muito mais à sua majestade tolerar o julgamento dos seus magistrados que se tornar juízes de si mesmos. Porém, a fim de que a majestade não sofra nenhuma diminuição de sua grandeza e que o esplendor do nome real não ofusque os olhos dos juízes, foi sabiamente decidido neste reino que o rei só litigaria por intermédio de procurador, quer dizer, que ele nunca estaria em qualidade, o que depois os outros Príncipes seguiram, cada qual no seu território. É verdade que o procurador do rei, ao litigar pelo rei na qualidade de particular, se receber cartas em forma de rescisão deve ceder o lugar de procurador do rei e colocar-se na ordem dos Pares de França. Quando eu disse que os magistrados não têm poder na presença do rei, isso se aplica também quando suas comissões são endereçadas aos súditos de sua jurisdição enquanto estão na Corte, adjacências e entorno desta, o que é observado muito estritamente.

Mas pode-se perguntar se o magistrado pode proibir o súdito de se aproximar da Corte na alçada do seu território. Isso não está isento de dificuldade. Todavia, sem adentrar a disputa, eu digo que o magistrado que bane o culpado fora do território de sua jurisdição, onde o Príncipe pode então se encontrar, também o proíbe de se aproximar da Corte. Mas ele não pode especialmente proibi-lo de se aproximar da Corte; nisso vale a regra de Ulpiano, que diz: *Expressa nocent, non expressa non nocent*. Lembro-me que julgaram muito estranho na Corte, até mesmo o chanceler De l'Hospital, que os comissários deputados ao julgamento do presidente L'Allemand o proibiram de se aproximar a dez léguas em torno da Corte, e foi dito que não havia magistrado nem Corte soberana que pudesse fazer tais proibições. Essa foi talvez uma das principais razões pelas quais o presidente L'Allemand, em cujo conselho eu estava, obteve cartas de revisão. Pois não somente seria demasiado duro e inumano retirar do súdito a via de requerimento contra seu Príncipe, que é de direito divino e natural, mas também seria causar prejuízo à majestade soberana, como eu disse acima. Embora as Cortes soberanas banissem para fora do reino e para os lugares onde elas não têm poder, contra o direito comum, a sentença não teria efeito se o rei, em nome de quem os Parlamentos julgam, não desse a comissão. Por isso, todas as sentenças de forma correta começam pelo nome do rei.

---

[163] Liv. 3.

Na presença dos maiores magistrados os menores não têm poder

Ora, assim como na presença do Príncipe o poder de todos os magistrados fica suspenso, ele também o fica na presença dos magistrados superiores e comissários, que têm poder de comandar os inferiores. É o que se pode ver na França, onde os presidentes e conselheiros, cada qual na sua alçada, e os senhores dos requerimentos em todas as sedes de justiça fora as Cortes soberanas, têm poder de comandar os senescais, bailios, prebostes e outros magistrados inferiores, colocando-se em sua sede de justiça, e podem julgar, ordenar e comandar como superiores aos inferiores, e proibi-los de prosseguirem. Isso é geral para todos os magistrados superiores, como diz a lei: *Judicium solvitur, vetante eo qui judicare jusserat, vel qui majus imperium in ea jurisdictione habet.* A palavra *imperium* não significa somente poder de comandar, mas também a própria magistratura. E quando Cícero disse[164]: *majus imperium a minore rogari jus non est*, ele quis dizer que o magistrado, ou comissário de igual poder, ou superior, não tem obrigação de responder diante de seu colega ou de menor do que ele. É a máxima dos antigos, que o jurisconsulto Messala declara ser, por exemplo: *A minore imperio, majus, aut a majore collega rogari jure non potest: quare neque Consules, aut Praetores, Censoribus, neque Censores Consulibus, aut Praetoribus turbant, aut retinent auspicia: at Censores inter se, rursusPraetores, Consulesque inter se, et vitiant et obtinent.* Eis as palavras de Messala, que ele diz ter transcritas do XIV livro de C. Tuditano.

Porém, há um erro no que ele diz, depois de *Praetor et si collega Consulis est, neque Praetorem, neque Consulem jure rogare potest.* É preciso colocar *Praetor et si collega Praetoris est*, a não ser que se quisesse salvar essa leitura dizendo que os cônsules, pretores e censores eram colegas, *quia soli iisdem auspiciis, iisdem comitiis, id est majoribus, creabantur: caeteri minoribus auspiciis et comitiis.* Mas essa palavra *collega*, aqui onde se trata de comando, não pode ser tomada nesse sentido, pois nunca se viu que o pretor fosse colega nem companheiro do cônsul, mas ao contrário, a apelação do pretor ia para o cônsul. Assim, lemos que o cônsul Emílio Lépido conheceu a apelação interposta pelo pretor

---

164 *Ad Atticum* liv. 2.

Orestes e cassou seu julgamento[165]. Vemos também que o triunfo foi atribuído ao cônsul Lutácio por ter comando sobre o pretor Valério como pessoa que estava sob seu poder[166]. Ademais, os cônsules tinham doze lictores e os pretores só tinham dois, e aqueles que eram enviados às províncias só tinham seis, que os gregos por esse motivo chamavam de ἑξαπελέκεις. Isso pode ser visto na lei *Laetoria*, que encontramos em Censorino: *Praetor urbanus duos lictores apud se habeto, iisque ad supremum solis occasum jus inter cives dicito.*

Ora, não basta saber que os magistrados iguais em poder não podem comandar uns aos outros, e menos ainda aos seus superiores, segundo a regra de direito, mas é preciso saber também se o colega ou o inferior, ou aquele que não é colega mas possui, todavia, o mesmo poder na sua alçada, pode impedir os atos do outro. Pois os magistrados incorrem amiúde em disputas por tais prerrogativas, e a diferença é bastante grande entre comando e impedimento, ou oposição. Os colegas não têm poder uns sobre os outros, mas um pode impedir o outro, como o pretor Pisão, que era juiz entre os estrangeiros e burgueses, mandou trazer seu assento junto ao de Verres, juiz entre os burgueses, para opor-se aos julgamentos iníquos e injuriosos que ele dava[167]. Desse modo, os burgueses procediam voluntariamente diante de Pisão, como era então permitido. É por isso que Cícero diz, em uma de suas leis: *Magistratus nec obedientem, et nocivum civem, mulcta, verberibus, vinculisque coerceto, nisi par majorve potestas prohibessit.* Mas ainda não basta dizer *prohibessit*, pois o magistrado de igual poder nada pode fazer diante de seu colega se este não consentir expressamente ou se não se submeter ao seu poder, como aparece no que diz o jurisconsulto Paulo: *Apud eum qui par imperium est, manumitti non posse: et Praetorem apud Praetorem manumittere non posse.*

Antinomia acordada sem suprimir a negação

Não há nenhuma antinomia no que diz Ulpiano, que o cônsul pode libertar na presença de outro cônsul, visto que isso se aplica ao dia em que aquele que liberta tem o comando e os lictores, já que eles nunca tinham poder no mesmo dia, como diz Festo Pompeu e como se pode ver em vários

---

165 Valeriano liv. 7 cap. 7 e liv. 5 cap. 4; Plínio liv. 7 cap. 36; Festo no verbete "piedade".

166 Valeriano liv. 2 cap. 3.

167 Ascônio; Cícero, *In praetura urbana.*

lugares[168], quer estivessem de acordo ou em desacordo. Pois Lívio, apelidado o Salineiro, ganhou o triunfo contra Nero, seu colega no consulado, porque ele comandava naquele dia, diz Tito Lívio, e não obstante a batalha foi travada por consentimento comum de ambos. Até mesmo os dez comissários que lavraram a Lei das Doze Tábuas só comandavam um após o outro[169]. Ora, a regra que quer que os colegas impeçam um ao outro está fundada na razão geral de todos aqueles que têm algo em comum: aquele que impede tem mais força e sua condição, nesse caso, é melhor que a daquele que quer ir adiante, o que faz também com que, entre várias leis, a que proíbe seja a mais forte. Quando digo de poder igual, isso se entende também em número igual, pois em todos os corpos e colégios, sejam de magistrados ou de particulares, a maioria vence. Por conseguinte, a parte menor do colégio dos magistrados não pode impedir a parte maior. E quando todos os colégios eram da mesma opinião, colocava-se estas palavras: PRO COLLEGIO.

Porém, se é verdade o que dissemos, por que Messala diz: *Consulem ab omnibus Magistratibus concionem avocare posse, ab eo neminem: deinde Praetorem ab aliis praeter quam a Consulibus: minores Magistratus nusquam nec concionem, nec comitiatum avocasse.* Segue-se daí que o impedimento e oposição dos magistrados menores ou iguais em poder não podia impedir as ações dos maiores.

Magistrados iguais se impedem por oposição

A resposta é que a avocação consiste num comando, mas não a oposição, como logo diremos. Mas antes de ir adiante, o que diz Messala não vale com relação aos tribunos do povo, que mostramos ter qualidade de magistrados e poder de convocar o povo miúdo e obrigar os cônsules a cederem à sua oposição, não por poder de comandar, mas por encarceramento de suas pessoas e apreensão de seus bens. Assim, lemos que o senador Servílio, ao dirigir a palavra aos tribunos, disse: *Vos Tribuniplebis Senatus appellat, ut in tanto discrimine Reipublicae dictatore dicere Consules pro vestra potestate cogatis. Tribuni pro collegio pronunciant, placere Consules Senatus dicto audientes esse, aut*

---

168 Lívio, *De Claudio Nerone et Livio Salinatore*; Plutarco, Emílio; Festo, verbete *majorem Consulem.*

169 Lívio liv. 1.

in vincula se duci jussuros. E pouco importa que os cônsules tivessem o poder de impedir a assembleia do povo miúdo convocado pelos tribunos, pois nem estava no seu poder interrompê-los quando estes falavam ao povo, sob pena da vida, de acordo com a Lei Icília[170], se aquele que tivesse interrompido o tribuno em sua arenga não pagasse a multa segundo a vontade do tribuno, como o tribuno Druso deu a entender ao cônsul Felipe, que ele mandou prender por tê-lo interrompido.

A oposição do tribuno impedia todos os magistrados e até seus próprios colegas

Ainda há uma exceção com relação aos tribunos do povo, quando dissemos que a maioria de um colégio de magistrados prevalece sobre a minoria, pois um só tribuno podia impedir os atos de todos os seus companheiros em virtude de sua oposição. E os atos de um só tinham efeito se não houvesse oposição dos outros, como se pode ver em Tito Lívio[171], onde ele diz que os arrendatários da gleba foram dispensados *rogatione sub unius Tribuni nomine promulgata*, e naquilo que diz o tribuno Semprônio ao falar ao censor Ápio, que detinha a censura depois da expiração desta: *Ego te, Appi, in vincula duci jubebo, nisi Aemyliae legi parueris: approbantibus sex Tribunis actionem collegae, tres auxilio fuerunt, summaque invidia omnium ordinum solus censuram gessit.* Assim se vê que nove tribunos, de comum acordo, foram da opinião que se mandasse buscar as forças de Pompeu para reprimir o poder de Cícero, que era temível na República depois que ele fez expulsar Catilina. Mas Catão, tribuno do povo, opôs-se[172], e ele sozinho impediu a execução do decreto dos seus colegas. E quando Cipião Asiático foi acusado, Semprônio Graco foi o único que impediu que ele fosse preso.

Como, dirá alguém, um único tribuno podia impedir as ações do senado e dos cônsules, e até de todos os seus colegas? É certo, se os outros tribunos não apresentassem requerimento ao povo tendente a que o tribuno fosse destituído de seu estado, como foi feito com Marco Otávio, tribuno do povo, pela oposição que ele fez contra o requerimento de Tibério Graco, tribuno

---

170 Dionísio liv. 7.

171 Liv. 43.

172 Plutarco, *Cícero*; Lívio liv. 48; Cícero, *De provinciis consularibus.*

do povo, aprovado por todos os seus companheiros e aceito pelo povo[173]. Eis porque Tito Lívio dizia: *Faxo ne juvet vox ista, Veto, qua collegas nostros tam laeti concinentes auditis: Contemni tam Tribunosplebis, quippe potestas tribunitia suam ipsa vim frangat intercedendo*. Mas isso se aplica quando a oposição do tribuno dizia respeito ao público, pois se se tratasse de seu fato particular civil ou criminal, não se levava em consideração e ele sofria condenação, se um dos seus companheiros não o impedisse. É o que aconteceu com o tribuno L. Cotta, que não queria litigar, nem pagar, *fiducia sacrosanctae potestatis*, mas seus colegas comunicaram-lhe que ajudariam os credores, se ele não quisesse pagar. De outra forma, a oposição de um colega impedia de ir adiante.

É verdade que, pouco a pouco, criou-se o costume de praticar a máxima usual em todos os corpos e colégios, a saber que, estando de acordo a maioria dos tribunos, ela não fosse impedida pela oposição de um ou da minoria, como se pode ver no que diz Tito Lívio: *Ex auctoritate Senatus latum est ad populum, ne quis templum aramve injussu Senatus, aut Tribunorumplebis majoris partis dedicaret*. Segundo a Lei Atília[174], era previsto que o pretor e a maioria dos tribunos do povo indicariam tutores às mulheres e às pupilas. Esse costume ganhou tamanha força que o senado mandou colocar na prisão Q. Pompeu Rufo, tribuno do povo, por querer impedir a assembleia dos estados[175], o que era infringir as leis sagradas, como dissemos acima. De outro modo, não se poderia dominar um tribuno sedicioso que se opusesse às ações dos outros magistrados. É por isso que o cônsul, quando queria reunir os grandes estados, mandava publicar seu édito ao som das trombetas, contendo proibição a todos os magistrados inferiores a ele de considerar os auspícios, ou seja, a disposição do ar e o voo dos pássaros, para conjeturar se a coisa que se empreendia era agradável aos seus deuses. Pois se houvesse um pouco que fosse de trovoada, ou se um dos assistentes padecesse do mal caduco, que por esse motivo era chamado de mal comicial, o povo ia embora sem fazer nada. Era o encargo dos áugures, que podiam denunciar mas não tinham direito de oposição, como os magistrados iguais em poder ou maiores. E se os magistrados fossem inferiores àquele que reunia os estados, sua oposição não podia impedir que se fosse adiante, mas os atos eram então viciados e sujeitos à rescisão, de modo

---

173 Plutarco, *Graco*.

174 Lívio liv. 39.

175 Díon liv. 40.

que o cônsul Caio Figlo e seu colega, depois de terem sido eleitos, prestado juramento e levado o exército até a Espanha, foram chamados de volta e destituídos por decreto do senado[176] porque os augúrios tinham denunciado ao cônsul Tibério Graco que os auspícios eram contrários quando os estados haviam sido reunidos, e ele não deixou prosseguir.

A fim de que a pluralidade das oposições e denúncias não causasse impedimentos mútuos, não era lícito levar em consideração os auspícios, nem denunciar, nem opor mais de uma vez por dia. Mas quanto às outras ações dos magistrados, a oposição dos tribunos as detinha, e caso se quisesse prosseguir, eles procediam por via de fato. Às vezes ocorriam assassínios, como o pretor Asélio, que estava a favor dos devedores, foi morto em sacrifício pela sedição dos credores, chefiada por um tribuno do povo. Assim como durante e antes do ato as oposições dos magistrados iguais ou superiores o impedem[177], assim também depois dos atos o meio de apelação existe e sempre existiu em toda República, do menor ao maior magistrado, cada um na sua alçada e jurisdição. E se não está no poder do magistrado menor comandar o maior nem impedir suas ações, ele tampouco pode restituir contra o julgamento do superior, nem corrigir seus atos, nem conhecer as apelações interpostas contra ele, não mais que contra seu colega. Ao contrário, se o representante ou lugar-tenente de um magistrado é dotado de um estado em grau igual ao do magistrado, a comissão e o cargo de lugar-tenente cessam, e os atos por ele começados são interrompidos e resolvidos. Embora isso não seja observado com rigor, se for caso de vida ou de honra deve ser levado em consideração.

E se ocorrer com o magistrado menor, ou colega, ou de igual poder, tomar conhecimento e receber as acusações de seu colega ou superior, ele pode tomar à parte e mandar chamar em ação de injúria o magistrado e o acusador. Por esse motivo, César, quando era apenas pretor, acusado diante de um questor de ter participado da conjuração de Catilina, mandou colocar na prisão o juiz e o acusador e condenou-os a pesadas multas. Do mesmo modo, o questor, *quod apud se majorem potestatem compellari passus esset*, diz Suetônio[178]. E por decreto do Parlamento de 7 de janeiro de 1547, foi feita proibição a todos os juízes subalternos de impor quaisquer proibições aos

---

176 Cícero, *De natura deorum* liv. 2, *De legibus* 2.

177 Díon liv. 38.

178 No *Júlio*.

juízes reais e súditos do rei, ao contrário dos juízes reais, que podiam proceder contra eles por via de direito.

Porém, aqui pode-se duvidar se o magistrado inferior, que pode ser comandado pelo superior, também pode ser comandado pelo lugar-tenente do superior. Muitos poderiam pensar que isso não apresenta dificuldade, visto que os lugares-tenentes não comandam nada em seu nome, nem podem fazê-lo, mas em nome do magistrado cujo lugar ocupam e ao qual o magistrado inferior deve obediência. E se fosse permitido aos magistrados inferiores desobedecer aos lugares-tenentes dos superiores, os particulares, pela mesma razão, quereriam isentar-se de obediência, o que seria derrubar todo o estado. Todavia, também se poderia dizer que os lugares-tenentes dos magistrados instituídos a título de ofício têm poder de comandar em seu nome, e nessa qualidade obrigar os magistrados inferiores. No entanto, eu digo que os lugares-tenentes não podem comandar nem expedir comissão em seu nome próprio, e se o fizerem, os magistrados inferiores não são obrigados a obedecer. Isso foi julgado por sentença da Corte do Parlamento, a pedido do senescal de Touraine contra seu lugar-tenente, que foi obrigado a outorgar as comissões em nome do senescal. Isso não apresentava dificuldade antes da ordenança de Carlos VII segundo a qual os lugares-tenentes eram instituídos e destituídos pelos senescais. Mas a dúvida surgiu quando eles foram instituídos a título de ofício, com poder do rei e não do senescal. Porém, não se deve presumir que o Príncipe tenha querido retirar o poder dos senescais e bailios, o que só podia ser feito por édito de supressão. Ao contrário, a instituição dos lugares-tenentes na qualidade de lugares-tenentes estabelece cada vez mais a honra e diminui o poder dos senescais e bailios.

Embora o senado de Roma e depois os imperadores tenham se atribuído a autoridade de nomear lugares-tenentes para os governadores de país, não obstante a lei diz: *Apud legatum Proconsulis non est legis actio*, quer dizer, ele só faz feito ou ato de justiça em nome de outrem. Não que não fosse lícito aos lugares-tenentes dos procônsules, como aos lugares-tenentes de todos os magistrados, libertar na alçada e território da província dos magistrados, o que o doutor Cujácio negou e corrigiu na leitura antiga destas palavras: *Ex quo provinciam ingressus est*. De outra forma, seguir-se-iam vários absurdos inevitáveis sem tais palavras, pois os lugares-tenentes não poderiam, no território de seus magistrados, nem ordenar, nem outorgar, nem comandar, nem explorar, o que é tudo que a lei chama de *legis actiones*. Não obstante, os prefeitos ou duúnviros e cônsules dos vilarejos tinham o poder de libertar e conceder tutores por comissão[179]. Assim, podemos dizer que a força de comandar não está na pessoa dos lugares-tenentes. E isso é tão certo que o magistrado, ao colocar-se na sede de outrem, não tem poder de comandar em seu nome, o que faz com que nunca haja apelação do lugar-tenente àquele cujo lugar ele ocupa, embora o magistrado possa conhecer a injúria e ingerência de seu lugar-tenente, pois o lugar-tenente não tem todo o conhecimento do magistrado cujo lugar ocupa, e menos antigamente do que hoje, pois os lugares-tenentes dos governadores de país não tinham poder algum de punir corporalmente. Também os lugares-tenentes do Príncipe na guerra, ainda que tenham comando sobre os príncipes do sangue, se infringirem as leis militares, o conhecimento disso pertence ao soberano, ou então ao capítulo dos cavaleiros da ordem se se tratar da honra ou da vida. Em termos mais fortes, quando se trata da disciplina eclesiástica, somente os bispos não são obrigados a responder diante dos oficiais ou vigários gerais dos arcebispos, como foi julgado para os bispos de Troye e de Nevers por sentença do Parlamento de Paris[180] na qual foi dito que eles não eram obrigados a obedecer senão aos arcebispos em pessoa.

O que falei do poder dos magistrados superiores sobre os inferiores se aplica ao seu território, à sua sede e ao fato de sua jurisdição, fora da qual eles são privados e particulares, sem poder nem comando. Mas pode-se perguntar se os magistrados iguais em poder ou colegas também são iguais em honra e precedências.

A prerrogativa de honra não tem nada em comum com o poder

Digo que um não tem nada em comum com o outro, e frequentemente aqueles que são os mais honrados têm menos poder, o que é um dos mais belos segredos de uma República e melhor guardado em Veneza que em qualquer outro lugar do mundo. Entre os cônsules, o primeiro designado cônsul era o primeiro nomeado para os atos públicos e os faustos e tinha a precedência.

---

179 Paulo Vêneto, *Sententiarum* liv. 5.

180 Nos anos de 1550 e 1553.

Ou então era o mais velho, até a Lei Pappia, que deu a prerrogativa de honra ao cônsul casado[181]. Ou, se ambos eram casados, àquele que tivesse mais filhos, que compensavam o número de anos. E entre os pretores aquele que era chamado de *Urbanum* era o primeiro e ocupava o lugar dos cônsules, reunia o senado, presidia os grandes estados[182]. E entre os dez arcontes iguais em poder, havia um que era chamado de *Archon eponymos* que passava diante de todos os outros, e os atos públicos eram autorizados em seu nome. Assim, podemos dizer que, entre todos os Parlamentos da França, o Parlamento de Paris tem a prerrogativa de honra sobre todos e ainda se chama a Corte dos Pares de França, tendo conhecimento dos Pares com exclusão de todas as outras. Embora na época de Carlos VIII o Grande Conselho manejasse os negócios de Estado, por édito expresso o rei ordenou que, em todos os éditos e mandamentos nos quais fosse feita menção à Corte do Parlamento e ao Grande Conselho, a Corte teria sempre a primazia. O édito foi verificado em 13 de junho de 1499 e mesmo entre todos os procuradores do rei o do Parlamento de Paris sempre teve a prerrogativa de honra sobre todos os outros, que devem juramento às Cortes soberanas, exceto o procurador geral do Parlamento de Paris, que não deve juramento senão ao rei. Também se vê que, entre o condestável de França e o chanceler, ainda que não tenham nada a comandar um ao outro e que fiquem frente a frente nas sessões e caminhem lado a lado, não obstante o lugar de honra é reservado ao condestável, que está à destra diante do rei, e o chanceler à sinistra, a não ser que se tenha querido dizer que ele ocupa esse lugar à destra para segurar a espada do rei. Mas, além disso, na sagração e coroação do rei e nas cerimônias em que ocorre a precedência, o condestável passa na frente do chanceler, e o chanceler é seguido pelo grande mestre de França. Citei isso de passagem, como exemplo, e não para tratar das honras.

Questão notável

Porém, assim como dissemos que os magistrados iguais em poder ou que não detêm nada um do outro não podem ser comandado uns pelos outros, pode-se duvidar se, entre vários Príncipes ou co-senhores, um pode

---

181 Nicéforo liv. 7; Sozomeno liv. 1 cap. 9; Tácito liv. 56; Suetônio, *Augusto*.
182 Festo no verbete *majorem*.

— 132 —

ser corrigido pelo outro por tê-lo ofendido, pois a jurisdição é, por natureza, indivisível, e os senhores de uma mesma justiça têm tanto poder um quanto o outro, e cada um tem poder inteiro para o todo. Mas não é o caso entre os Príncipes ou magistrados, que têm seus encargos ou territórios divididos e que não tem nada a comandar um ao outro, e muito menos quando vários magistrados em corpo e colégio têm um encargo todos juntos, pois nenhum deles tem poder nem comando, a não ser por comissão do colégio, que lho dá expressamente.

Há muitos que sustentam que um senhor pode ser corrigido por seus co-senhores, como se tivesse perdido sua justiça por causa de seu erro, tal como foi julgado na Rote de Roma. O julgamento pode ser sustentado, mas a razão não está correta, pois dizer que ele perdeu sua justiça por ter ofendido seria executar antes de julgar, e despojar o senhor ou magistrado de seu estado antes de tê-lo ouvido. E mesmo que as ameaças, penas e decretos anulativos contidos nas leis tivessem força de coisa julgada, como alguns pensaram, é preciso sempre conhecer o fato. E se este for confessado, ainda é preciso que a sentença seja pronunciada pela boca do juiz, que não pode ter competência para julgar aquele que é igual a ele em poder, como mostramos acima, seguindo a mais sadia opinião e a da maioria dos jurisconsultos, sem levar em consideração o que os outros dizem, que é preciso que cada qual seja julgado ali onde falhou, pois isso se aplica se não houver impedimento legítimo. Isso não apresenta dificuldade se a maioria do corpo e colégio dos magistrados estiver de acordo, pois nesse caso eles poderão julgar e castigar um dos colegas ou a menor parte do colégio, como se fazia no senado romano depois da ordenança do imperador Adriano e como se faz em todas as Cortes deste reino. Mas isso não pode ser feito entre vários senhores, pois tendo cada um jurisdição para o todo, eles não podem julgar senão um depois do outro, e só podem ter uma sede de justiça, se o senhor dominante o permitir. Essa é a diferença da justiça para a servidão, que cada um pode gozar sobre o conjunto ao mesmo tempo, mas não a justiça, como pensaram alguns que excetuaram os ducados, marquesados e condados, que não toleram divisão pelos antigos direitos dos feudos. Mas não é necessário aqui rejeitar a opinião daqueles que ligaram a jurisdição aos feudos, a fim de não sair dos termos do nosso tratado. Bastará dizer, de passagem, que a justiça está tão pouco relacionada ao feudo que, quando o Príncipe soberano vende ou dá um feudo de qualquer natureza que seja, não se presume que ele dê ou venda a jurisdição, como foi julgado várias vezes e passado em forma de édito feito por Felipe o Belo, ainda que a doação fosse desprezível, o que muitos haviam excetuado.

Já que os magistrados iguais em poder ou que não detêm nada uns dos outros não podem ser comandados nem corrigidos uns pelos outros, nem os senhores justiceiros de uma mesma justiça, é preciso que o magistrado superior ou o senhor justiceiro dominante tome conhecimento. Ou, se se tratar de executar os julgamentos de uns no território de outros, eles devem usar rogos honestos, como fazem os Príncipes soberanos entre si por comissões rogatórias, já que não têm poder nem comando fora de suas fronteiras, e muito menos que os magistrados entre si, que podem, em caso de recusa, serem obrigados pelo superior. As comissões rogatórias podem ser do menor ao superior ou igual em poder para executar ou tolerar que se execute o julgamento dado fora de seu território, oferecendo em seu lugar, quando a ocasião se apresentar, de fazer o mesmo. É a forma que existe e que foi observada desde a antiguidade. Todavia, parece que, sob o Império romano, era necessário, para fazer executar um mandamento ou sentença fora do território, obter cartas do imperador, visto que a lei diz: *Sententiam Romae dictam, possunt Praesides in provinciis, si hoc jussi fuerint, exequi*, pois, embora a palavra *jubere* signifique propriamente "querer", não pode ser tomada assim no passivo. Mas é muito mais apropriado usar rogos que começar por obrigar, como se dizia àquele que se queixava de seu companheiro sem ter lhe falado: *Alloquere illum, ne rem injustam faciat*.

Isso é tanto mais verdade porque a obrigação do superior, nesse caso, dá ensejo a querelas e invejas entre os magistrados, que frequentemente acabam com grande prejuízo para os súditos e desonra para a República, pois uns, por despeito aos outros, descarregam suas paixões sobre os inocentes. Como o cônsul Marcelo, que por despeito de César mandou chicotear alguns habitantes de Novocome para fazê-los saber, como ele disse, que César não podia ter lhes dado o direito de burguesia romana. E se o diferendo surge entre os magistrados soberanos, é com muito prejuízo para os pobres súditos. Foi assim que vi um diferendo entre o Parlamento de Paris e o de Bordeaux sobre a execução de uma sentença dada no Parlamento de Paris que o Parlamento de Bordeaux permitiu que fosse executada em sua alçada com a condição de que, se houvesse oposição, o Parlamento de Bordeaux a conheceria. Como o executor quis passar por cima da oposição, houve apelação do condenado, que foi por ele alçado ao Parlamento de Bordeaux, mas foi antecipado no Parlamento de Paris. O diferendo entre os dois Parlamentos foi remetido pelo rei ao Grande Conselho, que julgou que o Parlamento de Paris devia conhecer a apelação, pois cada um deve ser intérprete de sua vontade, e assim como somente o Príncipe pode esclarecer suas leis e mandamentos, assim também o magistrado deve esclarecer sua sentença.

E se os magistrados não quiserem levar em consideração os requerimentos e vínculos, nem tolerar a execução dos mandamentos de outrem em sua alçada, é preciso recorrer ao superior. Nisso muitos se enganaram ao pensar que um magistrado pode obrigar outro fora de sua alçada a tolerar a execução dos mandamentos de outrem e ao aplicar as palavras da lei (*si hoc jussi fuerint*) aos magistrados, palavras que se aplicam ao imperador e aos governadores de país. Pois a máxima de direito relativa aos mandamentos e comissões se aplica aos lugares onde aquele que comanda tem poder de comandar. Ora, acontece que não há comando fora da alçada ou fora do poder daquele que comanda. Por conseguinte, tinha-se o costume de tomar cartas reais, chamadas *pareatis*, quando se tratava de executar os mandamentos dos magistrados reais no território dos senhores justiceiros[183]. Mas esse costume foi abolido e frequentemente as Cortes de Parlamento proibiram que fosse usado porque a majestade do soberano se encontra diminuída nesse caso.

Erro da palavra fatalia

Mas alguns duvidaram se os magistrados inferiores podem mandar executar seus mandamentos sem a permissão do superior ao qual a apelação é endereçada, e isso após a deserção deste último e o decurso do tempo que havia sido prefixado para alçar e encaminhar o procedimento, que é chamado impropriamente de *fatalia*, por um erro vetusto e falta inveterada daqueles que verteram o Código e as Autênticas do grego para o latim, tendo lido κηρίας ἡμέρας no lugar de κυρίας ἡμέρας, quer dizer, dias prefixados e dias de convocação, que a Lei das Doze Tábuas chamava de *statos dies, stata tempora*. Nunca jurisconsulto ou homem que falasse latim fez uso dessa forma de falar, mas disseram *dies sessionum, dies continuos*, e para os defeitos que acarretavam

---

183 Decretos de Bordeaux de 5 de março de 1517, 3 de dezembro de 1519 e 23 de janeiro de 1525.

ganho de causa eles disseram *edicta peremptoria*, e esse erro perdurou até aqui sem ser corrigido.

Desde a primeira edição do presente livro, o doutor Cujácio, não podendo negar que tal erro fosse notável, de chamar os dias de convocação e dias prefixados de *dies fatales*, esforçou-se para fazer entender aos seus discípulos que Bodin não havia corrigido a falta da expressão κυρίας ἡμέρας no lugar de κηρίας ἡμέρας, o que todavia se lê em todas as edições das Autênticas impressas há cinquenta anos. Mas para esclarecer a Cujácio que os intérpretes estimaram que se devia ler κηρίας, é evidente que as palavras κῆρ e κήρ, uma significando o coração ou a alma e a outra o destino fatal, que os hebreus chamam também de ריק[184], derivam de κῆρω τὸ στερίσκω, pois não haveria sentido algum em dizer *fatales dies* se a palavra κηρ significasse *fatum*. Mas pode-se dizer que, depois da deserção, o processo está morto, e dessa maneira os jurisconsultos dizem *litem mori* e *litem vivere* antes da perempção ou deserção. No entanto, nenhum autor que falasse grego nem autor latino disseram κηρίας ἡμέρας ou *dies fatales*. E pode-se ver em Demóstenes, em *Contra Mediam*, que a palavra κυρια sozinha significa dia prefixado: ἐπειδὴ ἧκεν ἡ κυρία τοῦ νόμου, e em *Contra Stephanum*: κυρίαν ἐγειράψαι, e às vezes ele diz ἡμέραι διαμμετρημένην em *Ad Nicostratum*. Os últimos o chamaram de ἡμέραν ἐμπρόθεσμον e ὡρισμένην, o que a lei chama de *statos dies* e às vezes *statuta tempora*, como a lei III. *de temporibus appellatio*.C. É por isso que Sinésio, numa epístola *Ad Theophilum*, chama o último dia da vida de κυρίαν, por metáfora, o que eu quis observar para responder a Cujácio, que achou estranho que Bodin pensasse que as leis do Código estivessem em grego e não viu na lei II. *de veteri jure*.C. que Justiniano o quis expressamente.

E quem é aquele tão fraco do juízo que duvida que os gregos tenham esquecido de verter as leis latinas dos Códigos Teodosiano e Hermogeniano, dos quais é composta a maioria do Código Justiniano, haja vista que verteram até mesmo as Institutas para o grego e a maioria das leis das Pandectas no seu Basilicon? Mesmo durante o declínio do império, eles quiseram realçar o esplendor da língua grega ensinando aos escolares as leis em grego, e chegaram a verter os últimos livros da *Metafísica* de Aristóteles do árabe para o grego, estando perdido o grego de Aristóteles, e boa parte das obras de Tomás de Aquino do latim para o grego. E quem é aquele que não vê que

---

184 [N.T.:] ריק pronuncia-se *kir* e quer dizer "parede".

— 136 —

a lei *properandum. de judic.*C. não foi feita antes em grego que em latim? De fato, as frases são totalmente gregas, pois chamam o réu de *fugientem*, que é a própria palavra grega φεύγων, que os latinos chamam de *reum*. Nunca homem que falasse latim usou a palavra *fugientem*, a não ser aquele que traduziu o grego φεύγοντα. E como Justiniano e Leão imperadores deixaram suas novas ordenanças em grego, aqueles que as verteram para o latim usaram frases gregas por não conhecer bem o latim.

Ora, para resolver nossa questão, eu digo que não é necessário que o magistrado inferior tenha licença, como se fazia antigamente por cartas que eram chamadas de justiça, abolidas pela ordenança de Carlos VII, a não ser que o magistrado superior tivesse feito proibições particulares de executar. Nesse caso, é preciso que as proibições sejam levantadas antes de prosseguir, pois de outro modo não se exige que a apelação seja declarada deserta pelo magistrado superior para a execução da sentença, tanto mais que a deserção é admitida pela lei, e não em virtude da sentença do magistrado. E a dignidade dos magistrados superiores não é ofendida pelos inferiores quando não há proibições particulares por respeito às quais os magistrados inferiores devem suspender a execução se o atraso apresentar risco para a República. Nesse caso se pode prosseguir, ainda que se trate da vida. Em seguida, diz a lei, é preciso registrá-lo. De outra forma, se o magistrado não deferir a apelação quando se tratar da vida, ele merece a pena capital. Também pela Lei Semprônia[185] o magistrado era culpado de lesa-majestade por não ter deferido a apelação, ainda que só fosse caso de vergastadas.

Tudo o que dissemos dos magistrados e da obediência que eles devem uns aos outros se aplica aos magistrados de uma mesma República. O que diremos então dos magistrados de Repúblicas diversas se, tendo uns condenado seu súdito, os outros, da República onde este se refugiou, devem executar a sentença sem conhecer o mérito da causa? Vi surgir esse diferendo no Parlamento de Paris no caso de um mercador francês condenado em Veneza por defeitos e contumácias, a pedido de um veneziano, que veio para a França pedir a execução do julgamento, tendo obtido comissão rogatória da senhoria, como os Príncipes e senhores costumam fazer nesses casos por força do dever mútuo que todos os Príncipes têm perante a justiça, da qual eles detêm seus cetros e suas coroas. A causa era civil e parecia para muitos

---

185 Cícero, *Pro Rabirio perduellionis reo.*

que não era necessário inquirir se havia sido bem julgada e que se causaria prejuízo à senhoria de Veneza, que poderia usar expediente semelhante para examinar os julgamentos dos magistrados da França e cassá-los, mais por inveja de Estado que pela iniquidade destes. Porém, como o mercador francês havia sido condenado por defeito, quis-se saber se ele tinha contratado em Veneza ou se estava submetido à senhoria e jurisdição dos venezianos a esse respeito, e se os defeitos haviam sido devidamente cometidos segundo as ordenanças de Veneza, e nada mais.

Todavia, se se tratar da honra ou da vida, não se deve executar os julgamentos dos magistrados estrangeiros sem conhecer o mérito da causa e ver as acusações, pois até o imperador Adriano ordenou aos governadores de província que eles deveriam conhecer imediatamente (o que ele chamou de ἀνάκρισιν) aqueles que fossem condenados pelos irenarcas sujeitos a um mesmo Príncipe. O que eu disse é observado muito estritamente nas Repúblicas da Suíça, Genebra, Veneza, Lucca e Gênova. Pois todos os jurisconsultos há trezentos anos dizem que isso não é obrigatório. Está correto, caso se esteja falando da obrigação civil, da qual todos os Príncipes soberanos estão isentos. Mas eles resolvem muito mais sem distinção alguma, e só um deles põe uma condição: contanto que o Príncipe da República onde se refugiou o culpado exerça a justiça. Ora, se eles admitem que todo Príncipe é obrigado a fazer justiça por obrigação divina e natural, é preciso admitir também que ele é obrigado a devolver o súdito de outrem ao seu Príncipe natural, não somente para verificar o fato mais facilmente e descobrir os conjurados e participantes, coisa para a qual um novo interrogatório e uma confrontação são necessárias, mas também para a punição exemplar que se deve fazer no local, pois pelo menos é o que se deve procurar com a morte do culpado em matéria de justiça.

E se os magistrados de uma mesma República são obrigados por obrigação mútua a respaldar e prestar mão forte à perseguição e punição dos malvados, por que os Príncipes estariam isentos da obrigação à qual a lei de Deus e da natureza os adstringe? Muhamed, apelidado o Grande, tendo sido advertido que o matador que havia assassinado Juliano de Médici em plena igreja tinha fugido para Constantinopla, mandou prendê-lo e mandou-o com pés e punhos atados de volta para Florença, e não era porque temesse os florentinos. Neste reino mesmo tem-se o costume de enviar os culpados fugitivos de volta para os Príncipes e senhores que assim o requererem, se não for assunto de Estado, pois nesse caso o Príncipe não é obrigado a fazê-lo. A isso podem ser relacionados três sentenças, uma do Parlamento de Paris, outra de Roma contra o rei da Inglaterra, que pedia seu súdito fugitivo, o que lhe foi negado, e a terceira do Parlamento de Toulouse. Quanto à de Roma, estava fundada na soberania da sede de Roma sobre o reino da Inglaterra. Porém, fora os assuntos de Estado, e quando se tratar somente da pena pública, não há Príncipe que não seja obrigado a devolver o súdito de outrem, como foi julgado por sentença do Parlamento de Bordeaux no ano de 1517, em 24 de dezembro, pronunciada em vestes vermelhas. No entanto, isso está expressamente articulado em vários tratados, como no tratado feito entre os suíços e Carlos V imperador, na qualidade de duque de Milão, cujo artigo VII comporta a cláusula expressa de devolução dos culpados fugitivos. Por esse motivo, o rei Henrique, depois de ter feito uso de rogos aos senhores de Genebra por intermédio de seu embaixador para que lhe devolvessem Baptiste Didato, recebedor geral de Rouen, que havia levado o dinheiro da receita, protestou aos senhores de Berna, sob a proteção dos quais estava então a senhoria de Genebra, que ele faria uso do direito de represália. Os genebrinos haviam resolvido anteriormente no grande Conselho dos Duzentos que não o devolveriam de modo algum, mas depois mudaram de ideia e o devolveram, tendo sido obrigados pelos bernenses. Foi o que vi nas cartas do embaixador da França que estava então em Soleure, escritas ao condestável, e quem escreveu o contrário não folheou bem os registros de Genebra.

Sustento que é uma injúria feita ao estado de outrem se houver aparência de que o fugitivo é culpado, e com mais razão entre os mesmos súditos. Eis porque a linhagem de Benjamin foi exterminada, com exceção de seiscentos, por ter se recusado a devolver os culpados que lhe foram pedidos. E pelo mesmo motivo vemos que os hipotes, quando lhes exigiram que devolvessem os assassinos de Phoc beócio, por terem recusado aos tebanos foram por eles sitiados, tomados, saqueados e sua cidade arrasada de cima a baixo, e os habitantes reduzidos à servidão e vendidos como escravos. Mas se o Príncipe da República onde se refugiou o fugitivo julgar que ele é injustamente perseguido, ele não deve devolvê-lo, pois é até proibido pela lei de Deus devolver o escravo que fugiu para a casa de outrem para escapar à fúria de seu mestre.

Eis o que se devia dizer dos magistrados e da obediência que devem aos Príncipes, e do poder que têm sobre os particulares, e do respeito que devem ter uns para com os outros. Quanto à comparação entre os antigos magistrados e os novos, não é necessário tratar dela, visto que isso está sujeito à mudança. Não obstante, vemos que eles são, de fato, quase semelhantes, ainda que difiram nos nomes, como se pode ver no livro de Reis, no qual está dito que Azarias, filho do grande pontífice Tsadoc, era próximo da pessoa de Salomão para instruí-lo nas coisas divinas, Josafá era seu chanceler, Eliforo e Ajá secretários de Estado, Banaja condestável, Azarias filho de Natan lugar--tenente geral do rei sobre os governos das 12 linhagens, que são e quase sempre foram semelhantes em todas as monarquias. Assim, vemos em caso semelhante que o primeiro paxá é chefe e general do exército, como condestável ou primeiro marechal, e os *bellerbeis* são governadores gerais das províncias, os *sangiachs* são como governadores particulares, os dois *cadilesquiers* são os dois chanceleres superintendentes da justiça, um na Ásia e o outro na Europa, os *soubachis* e cádis são os magistrados e juízes ordinários, o mufti é o grande pontífice. Nos reinos de Túnis, de Fez e do Marrocos, o *munaside* é chanceler, o almirante é o capitão geral do exército de mar, palavra que tomamos emprestada dos árabes, como lemos em Leão d'África. Assim, vê-se que os cargos e ofícios são quase semelhantes, ainda que os nomes sejam diferentes, como o grão-mestre da Etiópia se chama *bethudere*, que é uma palavra hebraica que significa mestre de hotel. E como os oficiais e magistrados estão quase todos em corpos e colégios, falemos também dos corpos e colégios.

Capítulo VII

Dos corpos e colégios, estados e comunidades

Depois de ter falado da família e de suas partes, da soberania e dos magistrados, é preciso falar dos corpos e colégios. Falemos portanto, primeiramente, da causa dos corpos e colégios, e depois de seu poder e privilégios em geral, e da maneira de puni-los se cometerem infração, e por último se a República pode abrir mão deles.

Diferença entre família, colégio e República

A diferença entre a família e os corpos e colégios, e entre estes e a República, é como a do todo com relação às partes, pois a comunidade de vários chefes de família, de um vilarejo, de uma cidade ou de uma região pode existir sem República, assim como a família sem colégio. E assim como várias famílias aliadas por amizade são membros de um corpo e comunidade, assim também vários corpos e comunidades aliados por poder soberano formam uma República. A família é uma comunidade natural, o colégio é uma comunidade civil. A República apresenta a vantagem de ser uma comunidade governada por poder soberano e que pode ser tão estreita que não terá nem corpos nem colégios, mas somente várias famílias. Por conseguinte, a palavra "comunidade" é comum à família, ao colégio e à República, e "corpo" se aplica propriamente a várias famílias, ou a vários colégios, ou a várias famílias e colégios.

Origem dos colégios

A origem dos corpos e colégios veio da família, como do tronco principal do qual, tendo saído vários ramos, foi necessário construir casas, depois vilarejos e vilas, e conviver de modo que parecesse que fosse apenas uma família, até que a multidão, não podendo mais abrigar-se nem viver no mesmo lugar, foi obrigada a afastar-se, e pouco a pouco as vilas tornaram-se burgos e separaram seus bens e sua vizinhança. Sem leis, sem magistrados e sem principado soberano, entravam facilmente em querelas e debates, seja por uma fonte, seja por um poço, como lemos nas próprias santas escrituras[186], e os mais fortes venciam e expulsavam os mais fracos de suas casas e vilas. Por essa causa, os burgos foram cercados de fossos, e depois de muralhas na medida do possível, e aliaram-se em sociedades, uns para defender suas casas, bens e famílias da invasão dos mais fortes, outros para atacar e expulsar aqueles que tinham se acomodado a pilhar, roubar e ladroar.

Pois o maior ponto de honra e de virtude que havia entre os primeiros homens, diz Plutarco[187], era massacrar, matar e arruinar os homens ou fazer deles escravos. Assim, lemos em Tucídides que se agia do mesmo modo em toda a Grécia um pouco antes de sua época. Naquele tempo a ladroagem não era desprezada, e quando se encontrava alguns viajantes indo por mar ou por terra, a primeira coisa que se fazia, diz o mesmo autor, antes de se aproximar, era perguntar uns aos outros: "Sois ladrões, senhores?". Até mesmo Platão e Aristóteles colocaram entre as espécies de caça a ladroagem, assim como os hebreus, que chamavam os ladrões de poderosos monteiros, como foi Nemrod. Parece que a lei de Sólon que instituiu os corpos e colégios levou isso em consideração, pois permite geralmente todas as espécies de colégios e comunidades, até mesmo daqueles que *praedantur* ἐπὶ λείαν οἰχόμενοι, à

---

186 Gênese 26.

187 Na vida de Teseu.

condição que não fosse contra os súditos. E no primeiro tratado feito entre os romanos e os cartagineses foi dito que os romanos não ultrapassariam o belo promontório para traficar nem para ladroar: *ultra promontorium pulchri, praedae aut mercaturae gratia Romani ne naviganto*, como diz Políbio no livro terceiro. E César, já em sua época, ao falar dos alemães, diz: *Latrocinia nullam habent infamiam, quae extra fines cuiusque civitatis fiunt, atque ea inventutis exercendae, ac desidiae minuendae caussa fieri praedicant.*

Tal licença e impunidade para roubar obrigou os homens, que ainda não tinham Príncipes nem magistrados, a unirem-se por amizade para a defesa mútua, e a fazer comunidades e confrarias, que os gregos chamam de φράτριας e φρατόρες, *fratres*, aqueles que se servem do mesmo poço, que eles chamam de φρέαρ. Como *paganos*, que são aldeões que usam a mesma fonte, que os dóricos chamam de *paga*[188], e *comessatio* dizia-se κώμα, quer dizer, vilarejo, porque costumavam comer juntos, como diz Festo Pompeu. Assim, a sociedade e comunidade entretinha a amizade, como a chama sagrada que mostrou seu primeiro ardor entre o marido e a mulher, depois dos pais e mães para os filhos, e dos irmãos entre si, e destes para os parentes próximos, e dos parentes para os aliados, e pouco a pouco teria esfriado e se apagado totalmente, se não tivesse sido reacendida, alimentada e entretida por alianças, comunidades, corpos e colégios. A união destes manteve vários povos sem forma de República nem poder soberano, como se vê no livro de Juízes[189], no qual está escrito que o povo hebreu esteve longamente sem Príncipes nem magistrados, vivendo cada qual segundo sua vontade em toda liberdade. Mas eles eram mantidos pela comunidade de famílias e linhagens, e quando eram perseguidos pelos inimigos os estados das linhagens e comunidades se reuniam e nomeavam um chefe ao qual davam poder soberano[190], a saber, aquele que Deus tinha inspirado.

Assim, de várias linhagens e famílias unidas formava-se uma República por meio do poder soberano. É por isso que os primeiros Príncipes e legisladores, que ainda não tinham descoberto as dificuldades que há em manter os súditos por justiça, entretinham as confrarias, colégios e comunidades para que, estando de acordo as partes e membros de um mesmo corpo da República, fosse mais

---

188 Festo, no verbete *pagi*.

189 Juízes cap. 16 e 21 *in fine*.

190 Juízes cap. 3, 6, 9, 10, 20 e 21.

fácil regular toda a República, como vemos que fez Numa, rei e legislador dos romanos, que estabeleceu confrarias e colégios de todos os ofícios e atribuiu a cada confraria certos patronos, prelados e sacrifícios próprios, depois de ter abolido o nome dos sabinos, que não se distinguiam de modo algum dos romanos. Depois, formou-se também uma confraria dos mercadores e foi-lhes atribuído Mercúrio como patrono, a exemplo de Sólon, que estipulou em sua lei que todas as confrarias e comunidades seriam permitidas[191], com poder de fazer estatutos como quisessem, contanto que nada fosse feito contra as leis públicas. Também Licurgo não somente permitiu, mas ainda ordenou estritamente que fossem mantidas tais comunidades, tanto gerais quanto particulares, e que todos os súditos fizessem suas refeições em colégios de quinze membros[192], que eles chamavam de φιλίτια devido à amizade jurada que tinham uns pelos outros. Da mesma forma, em todas as cidades da Grécia havia confrarias semelhantes, que eles chamavam de ἑταιρίας, como na Itália os mesmos colégios eram chamados de *sodalitia* pela união, frequentação e amizade que tinham entre si, bebendo e comendo juntos a maior parte do tempo.

Eles não tinham outros juízes além de si mesmos, se houvesse algum diferendo entre os companheiros associados, pois sabiam que a amizade é o único fundamento de toda sociedade, e muito mais necessária entre os homens que a justiça. Afinal, a justiça, que nunca se verga e mantém sua retidão, torna amiúde os amigos inimigos, e a amizade, cedendo seu direito, estabelece a verdadeira justiça natural, visto que o único objetivo de todas as leis divinas e humanas é manter o amor entre os homens e dos homens por Deus, o que não se pode fazer melhor do que por frequentação e união ordinária. Os candiotas[193] antigamente bebiam e comiam todos juntos, jovens e velhos, homens e mulheres, para manter a amizade de que falei; porém, posteriormente, para evitar confusões, as idades e sexos foram separados. Também vemos na lei de Deus que os festins de Páscoa tinham sido ordenados em companhias de dez pessoas, além dos festins dos pavilhões e banquetes ordinários dos sacrifícios, que Deus ordena que sejam solenizados com toda alegria e regozijo. Isso foi mantido na igreja primitiva dos cristãos, que faziam com frequência tais festins, que eles chamavam de ἀγάπας devido aos beijos pios e abraços caridosos que

---

191 Plutarco, *Sólon.*

192 Plutarco, *Licurgo.*

193 Aristóteles, *Política.*

uns davam nos outros, além da fração e comunicação ordinária. Ainda hoje isso é melhor mantido na Suíça do que em qualquer outro lugar do mundo, pois em todas as cidades as confrarias e ofícios têm suas casas comuns onde eles fazem seus banquetes e festins com muita frequência. E não há vilarejo tão pequeno que não tenha sua casa comum para fazer o mesmo, e geralmente os processos e querelas são resolvidos amigavelmente, e a sentença escrita com giz branco na mesa em que banquetearam. Assim como os artesãos, mercadores, sacerdotes, pontífices e todas espécies de homens tinham suas confrarias e colégios, os filósofos também tinham a sua, e principalmente os pitagóricos[194], que se reuniam ordinariamente e viviam a maior parte do tempo em comum.

Eis quanto à causa, origem e progresso dos corpos e comunidades, que depois, por decurso de tempo, foram regulados por leis, estatutos e costumes em todas as Repúblicas.

Divisão de todos os corpos e colégios

Para entender mais facilmente esta matéria, podemos dizer que todos os corpos e colégios são instituídos para a religião ou para a polícia. Quanto à polícia, os colégios são estabelecidos para distribuir a justiça, ou repartir os cargos, ou dar ordem às provisões e mercadorias que se deve trazer ou retirar, ou para os ofícios necessários à República, ou para a instituição e disciplina. Pode acontecer que o colégio seja específico para um ofício, ou uma ciência, ou uma mercadoria, ou uma jurisdição. E pode acontecer também que haja vários colégios unidos num só corpo, como todos os ofícios, ou todos os mercadores, ou todos os mestres das ciências, ou todos os magistrados. E pode acontecer ainda que todos os colégios específicos tenham direito de comunidade geral, ou então de universidade, e que não somente todos os colégios e comunidades, mas também todos os habitantes, junto com os corpos e colégios de uma cidade, de uma região ou de uma província, tenham direito de comunidade para reunir os estados. Além disso, o direito de colégio pode ser permitido a cada ofício específico e proibido em geral. E cada um pode ter diversos regulamentos, estatutos e privilégios particulares.

---

194 Jâmblico, *Libellum de vita Pythagoreorum.*

Por conseguinte, podemos dizer que todo corpo ou colégio é um direito de comunidade legítima sob o poder soberano. A palavra "legítima" implica a autoridade do soberano, sem cuja permissão não há colégio. Ela implica também a qualidade dos colégios, o lugar, o tempo, a forma de se reunir, e o que deve ser tratado na assembleia. E a palavra "comunidade" significa que não há colégio sem não houver algo em comum. Porém, não é necessário que tudo seja comum: basta que a assembleia seja comum a todos os colegas e que haja um síndico comum e um caixa comum, pois não é necessário que a vida e conversa sejam ordinárias, como alguns chamaram colégio quando três pessoas moram juntas e têm seus bens em comum. Nisso enganam-se duplamente, pois pode acontecer que três ou mais pessoas tenham bens em comum e vivam juntas, mas isso não será um colégio, e sim uma sociedade contratada para todos os bens. Ao contrário, os colegas permanecerão em casas separadas e terão, não obstante, direito de colégio, como as confrarias dos ofícios, que a lei chama de *collegia*. Quanto ao número dos colegas, não importa qual seja, contanto que não haja menos de três. Quando digo colegas, entendo que sejam iguais em poder no que tange à comunidade, tendo cada um voz deliberativa, embora possa ocorrer que o colégio ou o Príncipe eleja um dos colegas para comandar, corrigir e castigar cada um dos colegas em particular, como acontece com os bispos e abades, que têm poder de castigar os cônegos e religiosos.

Se o chefe do colégio for colega

Porém, se o chefe tiver esse poder sobre todos em corpo e em nome coletivo, não se trata exatamente de colégio, mas antes de uma forma de família, como os colégios instituídos para a juventude nos quais não há bolsistas colegas que tenham voz deliberativa, pois se houver bolsistas com direito de colégio e voz deliberativa na assembleia, é um colégio, ainda que o restante da juventude esteja sob o poder e a correção do diretor. É por isso que se duvidou se o bispo ou o abade são colegas, tendo a mesma qualidade e prerrogativa de colega e fazendo parte do colégio, fora da qualidade de bispo ou de abade. Como a coisa foi disputada de ambos os lados, permaneceu indecisa. Mas deixando a disputa de lado, parece que aquele que é eleito pelo colégio ou pelo Príncipe para comandar todos os colegas em particular tem dupla qualidade, uma com relação a cada um e outra com relação ao colégio. Ele pode se chamar diretor, bispo, abade, prior, presidente e ter faculdade e poder de comandar cada um, mas no corpo e colégio ele é apenas o colega, ainda que tenha lugar de precedência. É por isso que se separa estas qualidades: bispo, cônegos e capítulo; abade, religiosos e convento; diretor, bolsistas e colégio.

Nisso se enganou um dos primeiros jurisconsultos, que disse que os filósofos chamam de colégio as pessoas de um colégio. Não há filósofo que tenha dito isso, visto que colégio é um termo de direito e que toda a renda e direito de um colégio podem residir em uma só pessoa, se todos os outros colegas estiverem mortos. Mesmo que todos os colegas estivessem mortos, o direito de colégio permanece e os bens do colégio não podem ser ocupados pelo fisco nem pelos particulares se o colégio não for suprimido por autoridade do soberano. De fato, um dos principais privilégios dos corpos e colégios é que possam receber por testamento. De outra forma, se o colégio for suprimido ou reprovado, não será mais colégio, mas assembleia ilícita, e não é permitido deixar o que quer que seja por testamento a tais assembleias, embora se possa fazer legado a cada um dos colegas. A fim de que os colégios e assembleias ilícitos não sejam mantidos por legados testamentários e sucessões, é preciso proibir que algo lhes seja deixado. Mesmo assim, o colégio pode ser autorizado, com proibição de lhe deixar algo por testamento, como o imperador Antonino, que foi o primeiro a permitir que se deixasse algo para os corpos e colégios, não quis que o colégio ou sinagoga dos judeus pudesse pedir os legados testamentários que lhe fossem feitos. Não obstante, eles tinham permissão para reunirem-se em suas sinagogas, como se pode ver na arenga do embaixador Fílon ao imperador Calígula.

O próprio Augusto expediu suas cartas-patentes ordenando aos governadores das províncias que deixassem que os judeus estabelecessem seus colégios. E Norbano, procônsul da Ásia, proibiu os magistrados de Éfeso que os impedissem de assim fazer. Além disso, Augusto instituiu um sacrifício perpétuo em Jerusalém, de um bezerro, um bode e um carneiro para cada dia, e quis que se fizesse uma esmola e distribuição ordinária aos judeus às suas próprias custas e despesas. Também há corpos e colégios de juízes e magistrados que, não obstante, não estariam autorizados a pedir um legado testamentário se não tivessem permissão expressa por meio da instituição que deles foi feita, como foi julgado contra o senado romano, ao qual Rufo Cépio, um dos senadores, havia feito um legado testamentário de uma certa soma que ele queria que fosse distribuída àqueles que comparecessem ao conselho. Foi feita objeção a esse legado. O herdeiro se opôs. O imperador Domiciano deu sua sentença a favor do herdeiro e contradisse o senado[195], ainda que fosse o mais antigo e necessário corpo de toda a República.

O poder dos colégios

Uma vez esclarecida a origem e definição dos colégios e comunidades, é preciso falar do seu poder em geral e do que não está determinado pela fundação, pelos estatutos e privilégios particulares, que são diversos para as diversas comunidades, e quase infinitos. Os primeiros corpos e colégios, que têm mais poder na República, são os colégios dos juízes e magistrados, pois não somente eles têm poder sobre a minoria do colégio em nome coletivo e sobre cada um dos membros dos colégios em particular, mas também sobre os outros súditos sob sua jurisdição, fora de seu colégio. E a diferença entre estes e os outros colégios é notável porque os outros são estabelecidos para o governo daquilo que lhes é comum, e os colégios dos juízes e magistrados são erigidos principalmente para os outros súditos, ou até para regular os outros colégios e corrigi-los se agirem contra as leis e estatutos. Porém, assim como é preciso que o homem de bem estabeleça primeiramente a justiça em si mesmo antes de distribuí-la aos outros, como os hebreus dizem nos seus provérbios que a caridade deve começar por si mesmo, se for bem regulada, assim também é preciso que os colégios dos juízes estabeleçam primeiro a justiça entre si para melhor reparti-la aos outros súditos.

Mas pode-se duvidar se é mais conveniente que os colégios dos magistrados sejam juízes dos colegas ou então que sejam juízes dos outros, pelas razões específicas que mencionarei abaixo no lugar apropriado. Para resumir, podemos fazer uma distinção: se o colégio for composto na sua maioria de homens viciosos, não se pode deixar a eles o julgamento de seus delitos. Mas se são pessoas de bem, não há dúvida que é mais útil para o colégio e para a República que os colegas sejam julgados pelos colégios e não por outros juízes. Isso porque há um não sei quê de particular em cada colégio que não pode ser bem entendido nem julgado senão pelos colegas do mesmo corpo, além do

---

195 Suetônio, *Domiciano*.

que, por esse meio, a união dos colegas é melhor mantida. Por esse motivo, o imperador Adriano quis que os senadores romanos fossem julgados somente pelo senado[196]. Pelo mesmo motivo, a jurisdição civil entre os mercadores e para as causas envolvendo mercadorias foi atribuída sabiamente, em toda a Itália e depois na França, a certos magistrados e cônsules do corpo e colégio dos mercadores para decidir sumariamente os diferendos que surgem por causa das convenções, que possuem um não sei quê de particular que não é comum às outras.

Quanto aos outros corpos e colégios, embora não sejam fundados em jurisdição nem em poder de comandar, sempre têm alguma coerção limitada pelos seus estatutos e privilégios, e esta, às vezes, é deixada sem limitação à discrição e prudência do corpo e colégio ou do chefe, com a mesma moderação que o pai deve ter para com seus filhos, que não deve ser cruelmente exercida com rigor. Pois se a lei condena a pagar o preço do escravo morto por aquele que havia se encarregado de ensiná-lo, ainda que o estivesse corrigindo, com mais razão seria condenável aquele que, tendo correção moderada sobre os homens de franca condição, tivesse usado de tal rigor que se seguiria a morte. É o que acontecia na Lacedemônia, onde os jovens meninos eram vergastados tão rigorosamente pelo grande mestre da juventude que às vezes faleciam sobre o altar de Diana enquanto eram surrados[197], pois a maioria não ousava gritar por medo que pensassem que tinham ânimo covarde. E embora o imperador Frederico II tenha dado aos reitores das universidades jurisdição e os diretores dos colégios sempre tenham tido a correção sobre seus discípulos, todavia isso só se aplica a coisas ligeiras, ainda que vários jurisconsultos estendam esse poder à jurisdição que têm os magistrados por outorga do soberano. Tanto o Imperador como o Papa só podem fazer isso no país que depende deles, pois embora o papa Gregório XI, numa bula outorgada para os privilégios da Universidade de Paris confirmando as bulas dos papas Urbano V e Inocente VI, queira que, se um estudante cometer crime digno de punição, o conhecimento seja reservado somente ao bispo, proibindo que dali em diante se encarcere por qualquer dívida, mesmo assim os reis da França não são obrigados por tais bulas, não mais que os magistrados.

---

196 Díon, *Adriano.*

197 Plutarco, *Licurgo.*

É verdade que os colégios instituídos para a religião têm geralmente a correção tanto mais severa quanto for estrita a sua regra. Eis porque eles são isentos do poder paterno e da correção dos pais, embora muitos sustentem o contrário, mas sua opinião não é seguida. Não obstante, é certo que a reverência e dever natural dos filhos para com os pais permanece sempre na sua força e virtude qualquer que seja a obrigação e voto que se faça nos corpos e colégios, pois nem as leis humanas nem os estatutos e privilégios dos Príncipes podem derrogar a lei de Deus e da natureza que obrigou expressamente os filhos à obediência dos pais e mães, da qual os filhos não podem se isentar a não ser por emancipação expressa ou tácita com o consentimento dos pais para fazer voto nos corpos e colégios. Contudo, sempre permanece a honra e reverência filial, ainda que os filhos sejam considerados ora como filhos de família do colégio e o direito sucessório dos filhos lhes seja deixado, ora como escravos. Eis porque os canonistas dão aos abades jurisdição sobre seus religiosos com primazia sobre os bispos, o que foi confirmado por sentença do Parlamento de Paris, de modo que eles não podem ser citados em justiça pelo que tiverem feito antes de entrar para o mosteiro, o que deve ser entendido dos erros ligeiros e de juventude. De outro modo, seria abrir brecha aos ladrões e assassinos para que se refugiassem em tais colégios como nas florestas, para evitar a pena, como de fato ocorreu com muita frequência. Os magistrados sábios devem impedir isso e, seguindo a lei de Deus, tirar os assassinos do altar para fazer justiça, como fez a Corte do Parlamento de Toulouse há pouco tempo, condenando dois religiosos da Daurade a serem arrastados sobre a grade em suplício com suas vestes e a serem postos a ferros, sem degradá-los, por terem assassinado seu superior[198]. O abade também pode ser citado por seus religiosos perante o juiz ordinário, tanto em matéria criminal quanto civil, e estes podem apelar da sentença do seu abade ao superior, como foi julgado amiúde pelas sentenças do Parlamento de Paris. Do mesmo modo, Nicolau abade de Palermo sustentou que o adiamento pode ser feito sem pedir permissão, como foi julgado por sentença do Parlamento de Bordeaux[199].

Pela mesma razão, se o colega quiser expulsar um dos colegas ou privá-lo de seus direitos, privilégios e liberdades sem causa, o conhecimento pertence ao juiz ordinário do colégio. Mesmo assim, antigamente os corpos e colégios

---

198 Em junho de 1560.

199 Em 15 de dezembro de 1544.

de artesãos, mercadores e similares tinham esse poder, como lemos em Cícero sobre os mercadores romanos[200]: *Mercuriales et Capitolini M. Furium, hominem nequam, equitem Romanum, de collegio ejecerunt*, e na Lacedemônia era permitido expulsar das assembleias e colégios que mencionei acima aquele que tivesse divulgado os segredos da companhia[201]. Em caso semelhante, o abade de Palermo sustenta que os capítulos têm o poder de expulsar do capítulo dos colegas, ou privá-lo de suas distribuições ordinárias, mas não de surrá-lo nem de usar correção severa, nem mesmo de encarcerá-lo, como foi julgado por sentença do Parlamento de Paris[202].

Mas pode-se duvidar se o colégio pode fazer ordenança segundo a qual nenhum dos colegas proceda perante outros juízes além do colégio, e se em detrimento das proibições é possível dirigir-se ao magistrado sem ser submetido à pena civil aposta às proibições. O jurisconsulto Scevola é da opinião que não é possível dirigir-se aos magistrados contrariando as proibições do colégio, salvo pagando a pena estipulada no estatuto do colégio. Mas essa regra não é geral e não pode ocorrer em caso de crime, não mais que as penas convencionais apostas às arbitragens não têm validade se for caso de crime. Em segundo lugar, sustento que a ordenança do colégio em caso civil não deve ser mantida se todos os colegas não tiverem dado seu consentimento, como se faz nas arbitragens. Pois em todas as comunidades, quando se trata daquilo que é comum a todos em particular e separadamente, o consentimento expresso de cada um é necessário. Porém, caso se trate do que é comum a todos sem divisão e conjuntamente, basta que a maioria seja de uma opinião para obrigar o restante, contanto que nada seja ordenado contra os estatutos do colégio, estabelecidos pelo soberano ou pelo fundador do corpo e colégio, autorizado pelo soberano. Portanto, respeitando as ordenanças da República e os estatutos na sua íntegra, o colégio pode fazer ordenança que obrigue a minoria em nome coletivo e todos os colegas em particular, contanto que dois terços tenham assistido à assembleia, ainda que não tenham sido todos da mesma opinião nas coisas que dizem respeito à comunidade.

Mas a maioria daqueles reunidos em corpo não são obrigados pelos seus estatutos e muito menos todo o colégio, não mais que o Príncipe pela sua lei,

---

200 *Ad Quintum fratrem* liv. 2 epístola 7.

201 Plutarco, *Licurgo*.

202 Em 15 de outubro de 1534 e no ano de 1391 para a privação da distribuição.

ou o testador pelo seu testamento, ou os particulares pelas suas convenções, das quais podem se afastar de comum acordo, e basta dois terços do colégio para cassar a ordenança feita pelo colégio todo, o que é geral a todas as espécies de comunidades, estados, corpos e colégios, se não se tratar de coisas comuns a todos em nome coletivo. Mas se os estados são formados por vários corpos, como os estados do Império e de todas as Repúblicas compostas por três ordens, a saber, a ordem eclesiástica, a da nobreza e a do povo, duas delas nada podem fazer em prejuízo da terceira, como Bodin, deputado pelo terceiro estado da França em Blois, observou às duas outras ordens que era coisa perniciosa para o estado deste reino nomear 36 juízes para assistir ao julgamento dos cadernos dos estados, por muitas razões necessárias por ele expostas. Porém, vendo que o arcebispo de Lyon, presidente do estado eclesiástico, retrucou que a igreja e a nobreza tinham assim decidido, Bodin observou que desde sempre tal prerrogativa havia sido conferida a cada um dos três estados, qual seja, que dois deles não podiam decidir nada em prejuízo do terceiro, e que isso havia passado sem dificuldade nos estados de Orléans e também era praticado dessa forma nos estados do Império, da Inglaterra e da Espanha. Por esse motivo, ele rogou às duas ordens que aceitassem de bom grado a oposição que ele apresentava na qualidade de encarregado do terceiro estado. Por essa razão, o assunto foi posto imediatamente em deliberação e a ordem eclesiástica e a nobreza mudaram de opinião. Nesse dia, o rei disse, na presença de Ruze, bispo de Angers, e de outros senhores, que Bodin tinha manejado os estados conforme sua vontade.

Porém, caso se trate de coisa comum a todo o corpo ou colégio e que não cause dano aos outros membros inteiros do corpo universal, a maioria pode decidir à sua discrição, ainda que toda a comunidade tenha ordenado que os estatutos não sejam cassados se todos os colegas não forem dessa opinião. Pois a maioria da comunidade é sempre considerada como o todo, de modo que a lei quis que aquele que fosse eleito pelo colégio ou pela comunidade para tratar e decidir os assuntos comuns pudesse obrigar cada um do colégio. Nisso se enganam aqueles que escreveram que dois terços do colégio nada podem fazer se o colégio tiver estatuído que todos devem consentir, pois se isso acontecesse um só poderia impedir os pareceres, decretos e deliberações de toda a comunidade, o que vai contra a disposição formal da lei, que quer que a maioria, em todos os atos relativos à comunidade, seja mais forte, e que a maioria de dois terços possa dar lei a todos em particular, quer estivessem presentes ou ausentes. Do mesmo modo, para os assuntos ligeiros não é necessário que todos estejam presentes, à condição que todos tenham sido chamados, mas nos assuntos de peso e importância é necessário que dois terços estejam presentes, ainda que todos não deem seu consentimento, se não houver lei ou ordenança especial que queira que os dois terços sejam da mesma opinião. Isso é exigido dos corpos e colégios dos juízes deste reino pela ordenança da Luís XII quando se tratar das causas civis, e pela ordenança de Gregório X para a eleição do Papa é preciso que dois terços dos cardeais sejam da mesma opinião, assim como em várias eleições dos chefes de colégio é necessário que dois terços do colégio sejam da mesma opinião. Às vezes é necessário que todos os colegas estejam de acordo, como se exigia que todos os tribunos estivessem de acordo, de outra forma um só impediria todo o colégio dos tribunos. E se todos estivessem de acordo colocava-se na ata estas palavras: PRO COLLEGIO. De outro modo, se não houver estatuto ou ordenança especial, a maioria de dois terços basta em todos os atos relativos à comunidade dos corpos e colégios.

Mas também é necessário que o consentimento do qual falamos seja dado na assembleia do corpo ou colégio, pois embora todos os colegas tenham consentido separadamente com algo atinente ao que é comum a todo o colégio, o ato não pode ter efeito algum, nem favorável nem contrário àqueles que consentiram, mesmo que tenha sido diante de notário, pois o colégio não fez o que todos os colegas fizeram separadamente. E não basta que todos aqueles de um corpo sejam chamados se não for no tempo e no lugar ordenado pelos estatutos. Muitos se esforçaram para saber quem é aquele que deve reunir o colégio, e eles são da opinião de que o mais antigo do colégio tem o poder de mandar chamar os outros e condená-los por contumácia, sem todavia poder condená-los a pagar multa, o que seria coisa ridícula, já que a contumácia não pode ser punida por ele nem por aqueles do colégio, como é certo. É por isso que o senado não pôde se reunir durante o consulado de César, já que o cônsul não o queria, como dissemos acima. Alguns divergiram dessa opinião e sustentaram que dois terços do colégio devem se reunir para mandar chamar os outros, mas eles não dizem quem convocará os dois terços. Como dois terços são suficientes para fazer e decidir os negócios do corpo e comunidade não é preciso preocupar-se com o restante se todos os colegas tiverem sido chamados. Todavia, o costume observado em quase todos os corpos e colégios é que os mais antigos mandam chamar os outros ou então se reúnem ao som do sino ou da trombeta, como se fazia antigamente na Grécia ou em Roma, quando os magistrados, que tinham o poder de mandar reunir o povo ou o senado, faziam publicar seus mandamentos ao som da trombeta para todos em particular e não em nome coletivo. Isso se chamava propriamente *concio*, como diz Festo Pompeu[203], e o magistrado podia proceder por multas e apreensão de móveis contra aqueles que se recusassem. Assim, vemos que Marco Antônio cônsul ameaçou Cícero com a ruína de sua casa se ele não comparecesse ao senado. Não há dificuldade quando os magistrados têm poder de comandar. Porém, se o colégio não tem chefe nem magistrado que tenha poder, ou então que, tendo poder, não tenha vontade de obrigar aqueles que não quiserem obedecer, aquele que tiver interesse em mandar reunir o colégio deve obter comissão do magistrado para fazer uso de coerção.

Portanto, para concluir esta questão acerca do poder dos estados, corpos e comunidades lícitas, diremos que a lei de Sólon tem validade geralmente em todas as Repúblicas e é aprovada pelos jurisconsultos e canonistas. Segundo ela, é permitido a todos os corpos e comunidades lícitas fazer as ordenanças que julgarem ser melhores, contanto que estas não derroguem aos estatutos do colégio feitos ou homologados pelo soberano nem sejam contrárias aos éditos e ordenanças da República. Não era proibido antigamente aos corpos e colégios fazer ordenanças sem derrogar às leis públicas e inscrever nelas uma pena tão grande quanto aprouvesse ao colégio. Mas depois, pelos estatutos e ordenanças de cada colégio e República, esse poder foi geralmente reduzido a uma pequena multa. Não sou da opinião daqueles que sustentam que o colégio pode estabelecer ordenanças sem pena alguma, pois a lei, a ordenança ou estatuto é inútil e ridículo se não for incluída pena contra aqueles que desobedecerão, ou se pelo menos aquele que fizer a ordenança não tiver o poder de fazer respeitá-la por penas arbitrárias. Assim vê-se em vários lugares que os corpos dos ofícios que têm direito de comunidade sempre têm alguma forma de coerção e de vistoriar as obras e mercadorias, apreendê-las, destruí-las ou confiscá-las se for feito algo contra as ordenanças, salvo o conhecimento do magistrado, se houver oposição. Quando digo direito de comunidade, entendo que os corpos e colégios podem tratar nas suas assembleias somente daquilo

---

203 Festo, no verbete *concio*.

que lhes é comum, mas que não é permitido tratar de outros assuntos sob a pena estabelecida para os corpos e assembleias ilícitas.

Eis quanto ao poder, direitos e privilégios dos corpos e comunidades em geral. Falemos agora da forma de puni-los se cometerem infração, embora se possa dizer que não cabe pena quando não há ofensa. Ora, acontece que o colégio ou a comunidade não pode cometer infração, visto que o colégio não pode nem mesmo consentir, nem agir com dolo ou fraude, como diz a lei, e que não existe ação de dolo contra um corpo ou comunidade, ainda que todos os colegas de um mesmo colégio, ou os habitantes de uma cidade, ou os estados de um país tenham consentido, coisa que é, todavia, impossível para os corpos e comunidades de cidades, regiões, províncias ou Repúblicas, visto que as crianças e furiosos não podem consentir.

Forma de punir os corpos e comunidades

Mas como os atos feitos pela pluralidade dos colegas reunidos colegialmente, ou de um corpo de cidade em assembleia legítima, são reputados feitos por todo o colégio ou por todos os habitantes de uma cidade, é por isso que nesse caso toda a comunidade é punida. Assim se faz nas rebeliões das cidades e sedições das comunidades, que são punidas coletivamente por meio de privação de privilégios, direito de comunidade, multas, taxas, servidões e outras penas segundo a qualidade do delito. Mas tal punição não deve ocorrer se a rebelião ou outro crime não foi cometido por acordo da comunidade e decidido em assembleia, como foi julgado por sentença da Corte do Parlamento no caso da comunidade de Corbeil. Não obstante, se couber punição corporal, só se deve punir aqueles que deram seu consentimento, ainda que a comunidade ou colégio seja condenado coletivamente, pois mesmo por um simples delito cometido por muitos sem colégio nem comunidade não há ação senão contra cada um em particular e para o todo, de modo que, tendo um sofrido a pena, os outros estão quites. Porém, se a coisa foi feita por alguém seguindo o parecer, o conselho e a deliberação de todos, todos eles podem ser chamados e cada um solidariamente, de modo que, tendo um sido chamado, os outros não estão quites.

Mas pode-se dizer que não faz sentido que muitos ou até a maioria de um colégio ou comunidade sejam declarados inocentes e todavia sejam punidos coletivamente nos casos que mencionei acima. A isso respondo que é ainda mais estranho que os inocentes sejam sorteados junto com os maus e que sejam punidos aqueles sobre os quais recair o acaso, como se fazia quando o exército era dizimado por ter se portado covardemente contra os inimigos: os mais ousados e valentes eram muitas vezes sorteados e executados como covardes. É o exemplo ao qual recorreu o senador Cássio[204] quando persuadiu em pleno senado que se mandasse matar quatrocentos escravos, mesmo que não houvesse um que pudesse ser dito culpado do assassinato cometido contra a pessoa de seu senhor, acrescentando estas palavras: *Omne magnum exemplum habet aliquid ex iniquo, quod publica utilitate compensatur.* Alegar um inconveniente, dirá alguém, não é pagar a dívida. Respondo que a mais bela justiça que se pode fazer é evitar de vários inconvenientes o maior quando se trata de delitos que não se pode deixar impunes, pois vemos que os mais sábios e entendidos jurisconsultos decidiram que, se alguém foi morto, surrado ou roubado por muitos, todos são responsáveis solidariamente, ainda que só haja um, talvez, que tenha dado o golpe mortal. Pois caso se desconheça totalmente quem golpeou, todos serão absolvidos, como foi decidido pelos doutores na lei item *Mela.§. si plures. cum glo.* Porém, se ficar evidente que somente um não possa ter cometido o furto, como no caso de uma grande tora que vários carregaram, mesmo assim todos serão responsáveis pelo furto. Nesse caso, os jurisconsultos não apresentam outra razão a não ser o inconveniente que se torna maior de um lado quando se quer fugir do outro, que é o argumento mais forte que se possa ter para esclarecer a verdade de todas as coisas quando todos os outros falham.

Não falamos aqui do que fazem os inimigos com as cidades sitiadas e tomadas pela força, pilhando, matando, saqueando tanto o inocente quanto o malvado, mas do que deve fazer o Príncipe com relação aos seus súditos rebeldes, embora os romanos, quando eram estimados o povo mais justo da Terra, nem sempre tenham seguido a regra que postulamos, mas frequentemente punido, não somente coletivamente mas também em particular, todos os habitantes das cidades rebeldes, depois de tê-las tomado. Não obstante, sempre observaram este ponto de que os chefes foram punidos mais gravemente e pouparam aqueles que resistiram aos amotinados, levando em consideração se a rebelião tinha sido deliberada e decidida em corpo e comunidade. *Valerius Levinus*

---

204 Tácito liv. 14.

Agrigento capto, diz Tito Lívio[205], *qui capita rerum erant, virgis caesos securi percussit, caeteros praedamque vendidit* e em outra passagem *Quoniam authores defectionis meritas poenas a diis immortalibus, et a vobis habent, P.C. quid placet de innoxia multitudine fieri? Tandem ignotum est illis, et civitas data.* E o cônsul Fúlvio, depois de ter tomado Cápua, puniu capitalmente oitenta senadores, além de 27 que tinham se envenenado e trezentos gentis-homens que morreram prisioneiros; o restante dos habitantes foi vendido como escravos. Quanto às outras cidades que estavam sob a obediência dos capuanos, apenas os chefes foram punidos. *Atella, Calatiaque*, diz Tito Lívio, *in deditionem acceptae, ibi quoque in eos qui capita rerum erant animadversum.* O outro cônsul, Ápio, quis também que se investigasse os aliados que tinham participado secretamente da conjuração, mas Fúlvio o impediu dizendo que seria incitar os fiéis e leais aliados a se rebelarem dando fé aos traidores capuanos.

Seja como for, vemos que os romanos deixaram muito poucas rebeliões impunes enquanto a República era popular. Quanto aos imperadores romanos, uns fizeram uso do indulto, outros de crueldade extrema. O imperador Aureliano, tendo montado cerco diante da cidade de Tiana, jurou que nem um cachorro escaparia sem ser morto. Tendo forçado a cidade, ele proibiu que se matasse qualquer pessoa, e quando lhe lembraram a jura que tinha feito ele disse que só tinha ouvido falar dos cachorros, e mandou que matassem todos eles[206]. Também Henrique V imperador, tendo condenado Bresse a ser arrasada e devastada, mesmo assim perdoou a cidade para que os justos não sofressem a pena dos injustos, seguindo nisso a bondade de Deus, que promete perdoar todo um país se houver dez justos. Os outros usaram crueldades bárbaras, matando sem distinção bons e maus por causa do erro de alguns, como o imperador Caracala, que, para vingar sua mágoa de algumas canções que se cantava em Alexandria contra ele, mandou os soldados se misturarem ao povo enquanto assistiam aos jogos, e ao sinal dado eles mataram uma infinidade de pessoas. Isso havia sido feito antes em Jerusalém e depois em Tessalônica, onde o imperador Teodósio o Grande mandou matar sete mil habitantes misturados pelo assassinato cometido contra a pessoa de alguns magistrados, sem ter deliberado nem decidido em corpo e comunidade. Xerxes rei da Pérsia recorreu a outra vingança, não tão grande mais muito mais contumeliosa, mandando

---

205 Liv. 26.

206 Vopisco, *Aureliano*.

— 157 —

cortar o nariz de todos os habitantes de uma cidade da Síria que depois foi chamada de *Rhinocura*, também por erro semelhante de alguns. Do mesmo modo, o ditador Sula mandou matar todos os habitantes de Praeneste e só perdoou seu anfitrião, o qual também quis morrer, dizendo que não queria viver como assassino de sua pátria, como diz Plutarco.

Isso poderia ser suportável quando os vencidos preferem morrer a ser súditos, não quando ficam contentes em servir ou obedecer, como os pisanos que se rebelaram contra os florentinos seus senhores e, por graça de Carlos VIII, se entregaram ao conde Valentino, que não pôde garanti-los, e depois aos genebrinos, que não os quiseram, não mais que os venezianos, e contudo, após um longo cerco, renderam-se aos florentinos, que os trataram brandamente, e depois tornaram-se bons súditos destes últimos. Mas Luís conde de Flandres, último de sua casa (pois após sua morte o condado coube à casa de Borgonha), tendo reduzido os ganteses a tal necessidade por suas rebeliões que pediram graça e perdão, não quis recebê-los, mas mandou dizer-lhes que viessem todos diante dele com a corda no pescoço para lhe pedir perdão, e que então decidiria o que fazer. Isso colocou esse pobre povo em tamanho desespero que eles foram em número de até cinco mil enfrentar o exército do conde, de onze mil homens, que eles derrotaram, e liberaram todas as cidades de Flandres sob sua obediência, exceto apenas Audenarde. E o conde, tendo fugido da derrota, foi esconder-se sob a cama de uma pobre mulher que o fez escapar disfarçado de colhedor de maçãs. Dali em diante, nunca mais foram obedientes aos condes.

Percebeu-se então que não há nada mais valente contra seu senhor que o súdito desesperado, nem guerra mais justa que aquela que é necessária, como dizia um antigo senador romano. Esse povo do qual falei, além da pena inevitável, estava reduzido a sofrer uma contumélia pior do que a morte, pois a contumélia é sempre maior para os homens generosos que a morte. E às vezes acontece de juntar a contumélia e a crueldade, como fez Frederico II imperador com os milaneses: depois de ter matado os principais e arrasado a cidade, aplicou aos outros uma pena mais contumeliosa que cruel; como também fez Dagoberto rei da França com os habitantes de Poitiers por terem prestado socorro a seus inimigos: não se contentou em matar os habitantes, mas também mandou arrasar a cidade e semeá-la com sal; desde essa época, os *poitevins* são chamados de salgados.

Porém, assim como os Príncipes que toleram as sedições e rebeliões dos corpos e comunidades de cidades ou províncias dão exemplo aos outros de segui-los, assim também aqueles que exercem sua crueldade sem medida não somente obtêm a qualidade de tiranos bárbaros e cruéis, mas também arriscam seu estado. Merecerá o elogio de justo Príncipe e conservará seu estado aquele que se mantiver no meio-termo ao punir os chefes e autores das rebeliões, como fez Carlos de França, que depois foi rei de Nápoles: tendo a comissão para castigar os habitantes de Montpellier, retirou-lhes todo direito de comunidade, consulado e jurisdição e ordenou que as muralhas seriam derrubadas e os sinos postos abaixo, e condenou-os a pagar 120 mil francos de ouro. Houve gente que escreveu que a metade dos bens dos habitantes foi confiscada e entre os burgueses 600 foram em parte afogados, em parte enforcados e o resto queimados. Contudo, a coisa foi depois moderada, de modo que somente os culpados foram executados. Fez-se o mesmo na rebelião de Paris sob Carlos VI, que foi ainda mais branda, embora não tivesse havido em Montpellier nem assembleia da cidade nem conjuração deliberada em corpo.

E mesmo que todos os habitantes de uma cidade, em particular e coletivamente, tivessem deliberado, consentido e decidido uma rebelião ou conjuração, o Príncipe sábio não deve precipitar-se e punir todos eles, haja vista o perigo existente para o estado. Por essa causa o cônsul T. Quintius, ao ver o risco que havia em querer punir pela rebelião o exército que ele tinha sob seu comando, depois de ter pacificado as coisas retornou a Roma e apresentou requerimento ao povo, mediante parecer do senado, que foi deferido imediatamente, *Ne cui militum fraudi esset secessio*. Em caso semelhante, a rebelião dos soldados na cidade de Sucrone foi punida com a execução de apenas 30 homens: *certabatur*, diz Tito Lívio, *utrum in autores tantum seditionis XXXV. animadverteretur, an plurium supplicio vindicanda defectio magis esset quam seditio: vicit sententia lenior, ut unde orta culpa esset, ibi poena consisteret, ad multitudinis castigationem satis esse.* E pouco depois, na arenga que Cipião fez ao exército, ele disse estas palavras: *Se non secus quam viscera secantem sua cum gemitu, et lacrymis XXX. hominum capitibus, expiasse octo millium noxam.* Mas quando o cônsul Ápio, orgulhoso e alto *à la main*, quis usar seu poder sobre o exército, os capitães e tenentes o dissuadiram, fazendo-o ver que era muito perigoso testar seu poder, que era fundado somente na obediência dos súditos.

Embora a punição possa ser aplicada sem temor, não se deve usá-la, e basta na punição dos corpos e comunidades *ut poena ad paucos, metus ad omnes perveniat*, como dizia um antigo orador. Mas o Príncipe soberano não deve ser executor de tais punições se isso puder ser feito na sua ausência, a fim de que o coração dos seus súditos não se aliene nem um pouco dele. Ao contrário, é preciso que ele modere a pena que seus lugares-tenentes tenham imposto. Temos o exemplo de Antíoco o Grande rei da Ásia, que deu comissão ao condestável Hermeas para castigar a rebelião dos habitantes de Selêucia e este condenou o corpo da cidade a pagar seiscentos mil escudos de multa, baniu um grande número deles e retirou todos os privilégios da cidade. O rei Antíoco chamou de volta todos os banidos, contentou-se com 90 mil escudos e restituiu à cidade todos seus privilégios[207]. Sem ir mais adiante, o rei Henrique, tendo dado comissão ao duque de Montmorency condestável para castigar a rebelião do país de Guyenne e dos habitantes de Bordeaux, concedeu depois abolição geral, anulou o arrasamento do paço municipal, a multa de duzentas mil libras e os custos da condução do exército, aos quais os habitantes de Bordeaux haviam sido condenados, e restituiu o direito de corpo e colégio da cidade, excetuando somente aqueles que tinham deitado a mão sobre os oficiais e alguns privilégios e o domínio da cidade, que foram retirados.

Punição dos ganteses

O imperador Carlos V agiu de modo totalmente diverso contra os habitantes de Gand, pois ele mesmo em pessoa quis saciar seu apetite de vingança contra mil sedições e rebeliões que eles tinham costume de fazer há muito tempo e que haviam ficado impunes até então por tolerância ou impotência dos condes de Flandres. Quase ao mesmo tempo, o rei Francisco I foi em pessoa castigar a rebelião dos habitantes de La Rochelle, os quais todavia ele perdoou sem mandar matar ninguém, dizendo que não tinha menos motivo para vingar sua dor que o imperador, mas que no entanto preferia incrementar suas loas preservando e não arruinando seus súditos. Se se fizer julgamento desses três Príncipes, dir-se-á talvez que um foi demasiado severo na punição de uma comunidade, o outro fingiu brandura em demasia,

---

207 Políbio liv. 5.

pois uma rebelião tolerada logo atrai outra, e o terceiro moderou ambas as coisas, mantendo o meio-termo entre a brandura e a crueldade, que é o meio da verdadeira justiça que a lei quer que seja observado na punição dos delitos, não importando se se trata de punir uma multidão em comunidade ou sem comunidade. O mesmo imperador Carlos V perdoou uma falta capital de primeira acusação de lesa-majestade quando todos os estados da Espanha se rebelaram contra ele na ocasião em que ele partiu para ir tomar posse do Império, embora já tivessem tirado da prisão e até eleito o duque de Calábria como rei, que não quis aceitar. Ninguém foi punido, o que foi muito sábio, pois como a doença era universal ele teria atiçado novamente o fogo que estava quase apagado. Resta ver se a República pode abrir mão de corpos e colégios.

Se é bom suprimir ou fortalecer os corpos e colégios

Dissemos que os homens, por sociedades e companhias mútuas, encaminharam-se às alianças e comunidades dos estados, corpos e colégios para enfim compor as Repúblicas que vemos, que não têm fundamento mais seguro depois de Deus que a amizade e boa vontade de uns para com os outros. Essa amizade só pode ser mantida por alianças, sociedades, estados, comunidades, confrarias, corpos e colégios. Por conseguinte, perguntar se as comunidades e colégios são necessárias para a República é perguntar se a República pode ser mantida sem amizade, sem a qual o próprio mundo não pode subsistir. Quando eu disse, portanto, que há aqueles que foram e são da opinião de que todos os corpos e colégios devem ser abolidos, quis dizer que eles não percebem que a família e a República não são outra coisa senão comunidades. Esse é o erro no qual incidiram com mais frequência os maiores espíritos, pois por causa de um absurdo que provém de um bom costume ou ordenança eles querem riscar e rasurar a ordenança sem levar em considera-ção o bem que sucede alhures. Admito que os colégios e comunidades mal regulados provocam muitas facções, sedições, parcialidades, monopólios e às vezes a ruína de toda a República, e que ao invés de uma amizade sagrada e uma boa vontade caridosa vemos nascer conjurações e conspirações de uns contra os outros. Além do mais, viu-se que vários colégios abrigaram uma impiedade execrável e detestável sob a aparência de religião.

Não há melhor exemplo que a confraria das bacanais em Roma, na qual havia mais de sete mil pessoas, em parte acusados, indiciados e convictos, e vários executados e banidos por causa das malvadezas abomináveis que cometiam sob o véu da religião, que tem a mais bela e mais divina aparência que se possa imaginar, como dizia o cônsul, falando ao povo romano das impiedades que tinha constatado[208]: *Nihil in speciem fallacius prava religione, ubi Deorum numen praetenditur sceleribus, subit animum timor*. Foi por essa causa que se aboliram as confrarias das bacanais em toda a Itália, por decisão do senado que foi homologada pelo povo e passou com força de lei, segundo a qual dali em diante não se faria nenhum sacrifício a não ser em público[209]. Muito tempo antes um grego sábio havia aconselhado aos atenienses a mesma coisa, dizendo que os sacrifícios noturnos lhe eram incrivelmente suspeitos.

Assim, é muito mais conveniente em todas as Repúblicas permitir em público as assembleias, colégios e confrarias que alegam finalidade religiosa ou suprimi-las totalmente do que tolerá-las em segredo e às escondidas. Como diz Catão o Censor: *Ab nullo genere non summum periculum est, si coetus et concilia et secretas consultationes esse sinas*, pois não há conjuração que não se possa fazer em tais assembleias secretas, que crescem pouco a pouco e por fim o abscesso supura, infectando toda a República, como ocorreu na cidade de Munster, onde os anabatistas multiplicaram-se tanto em segredo que invadiram o estado da Vestfália. Na Itália os colégios e confrarias dos pitagóricos atraíram tantos discípulos que os maiores senhores aderiram a elas; e quando estes quiseram transformar os estados populares em aristocracias o povo avançou sobre eles e queimou um grande número deles reunidos num mesmo lugar, o que perturbou, diz Políbio[210], quase todos os estados da Itália e da Grécia. Por esse motivo, os imperadores e quase todos os Príncipes, papas e concílios, ao restituir aos judeus o direito de corpos e colégios, que Tibério, Cláudio e Domiciano lhes haviam retirado anteriormente, quiseram que suas preces fossem feitas em público. O faraó quis lhes conceder o mesmo, mas Moisés lhe disse que os egípcios os apedrejariam. E para dizer a verdade, é coisa muito incômoda manter corpos e colégios de qualquer religião que seja quando ela é contrária à religião do povo ou da maioria deste. Com muita frequência, o

---

208 Lívio liv. 39.

209 Lívio, mesmo livro.

210 Políbio liv. 3.

povo não pode ser contido nem pelas leis nem pelos magistrados se a força dos guardas não for muito grande, pois já se viu que até Tomás imperador de Constantinopla foi cruelmente morto pelo povo em plena igreja porque queria abolir as imagens.

Por outro lado, viu-se na cidade de Frankfurt quatro corpos e colégios de diversas religiões publicamente aprovadas e exercidas, a saber as dos judeus, dos católicos, dos protestantes e da confissão de Genebra; mas aconteceu no ano de 1562, no mês de maio, que os protestantes, tendo se assegurado das forças e da soberania de seus partidários, lançaram-se sobre os da confissão de Genebra, causa pela qual ela foi suprimida. Há menos risco que isso ocorra quando as seitas são aceitas há muito tempo, como a dos judeus, aos quais os Príncipes da Europa e da Berbéria quase sempre concederam seus antigos privilégios e corpos e colégios para a preservação de sua religião, pagando eles por isso certos encargos – como os imperadores romanos instituíam o imposto que se chamava *aurum coronarium*, que os imperadores da Alemanha dão geralmente às imperatrizes[211] – para a confirmação de seus privilégios, que são ainda maiores na Polônia e na Lituânia que em outro lugar do mundo desde que foram outorgados por Casimiro o Grande rei da Polônia por convencimento de uma dama judia chamada Ester. Eles tinham recebido antigamente os mesmos privilégios do rei da Pérsia, por intermédio de uma judia de mesmo nome. Ali multiplicaram-se tanto que não havia província na grande Ásia que não tivesse uma colônia de judeus, como lemos em Josefo e Fílon.

Também pode acontecer que os colégios das seitas sejam tão poderosos que seria impossível ou difícil arruiná-los, salvo com risco e perigo para o estado. Nesse caso, os Príncipes mais entendidos costumam fazer como os pilotos prudentes, que se deixam ir à tempestade, sabendo que a resistência que oporiam seria causa de um naufrágio completo. Isso se viu sob o império de Constâncio, que mantinha os corpos e colégios dos arianos não tanto pela afeição que tinha por eles, como muitos escreveram, mas para conservar seus súditos e seu estado. Pois mesmo Teodósio o Grande, que sempre foi contrário à opinião deles, manteve todos em paz e obediência, e mais ainda Valêncio e Valentiniano, embora um fosse ariano e o outro católico, e depois Zenão, que mandou publicar o édito de paz e união que chamavam de *henoticon*. Seguindo seu exemplo, Anastásio mandou publicar o édito de esquecimento,

---

211 Martin. de Cazar. *De princ.* seção 4.

louvando os pregadores sábios e modestos e expulsando aqueles que eram demasiado veementes[212].

Mas é certo que o Príncipe que favorecer uma seita e desprezar outra a aniquilará sem força nem coerção, nem violência alguma, se Deus não a preservar, pois quanto mais se resiste ao espírito dos homens decididos mais ele se fortalece, e ele afrouxa se não lhe opuserem resistência. Acrescente-se que não há nada mais perigoso para um Príncipe que testar suas forças contra seus súditos se não estiver bem seguro de prevalecer sobre eles, pois é armar e mostrar as garras ao leão para combater seu mestre. E se os Príncipes mais sábios não podem fazê-lo, o que se deve esperar de um Príncipe que se vê cercado de bajuladores e caluniadores, que sopram com toda força o fogo da sedição para incendiar as maiores casas? Como sob os primeiros imperadores viu-se calúnias tão pesadas e impudentes que nunca haviam sido inventadas outras tão estranhas para abolir os corpos e colégios dos cristãos, pois eram acusados de serem ateus, incestuosos e parricidas, e de comer o fruto que provinha dos seus incestos, como se pode ver nas *Apologias* do orador Atenágoras e de Tertuliano. A mesma acusação foi tentada contra os templários no reinado de Felipe o Belo, causa pela qual se mandou queimar grande número deles e se aboliu todos os seus colégios. Mas os alemães deixaram por escrito que era pura calúnia para obter seus grandes bens e riquezas. Fez-se o mesmo com os corpos e colégios dos judeus, tanto na França sob Dagoberto, Felipe Augusto e Felipe o Comprido quanto depois na Espanha sob Fernando rei de Aragão e Castela, o qual por piedade impiedosa expulsou-os do país todo e enriqueceu-se com seus bens.

Portanto, para resolver essa questão de se é bom ter os estados, colégios e comunidades ou se a República pode abrir mão deles, pode-se dizer, na minha opinião, que não há nada melhor para manter os estados populares e arruinar as tiranias, pois essas duas Repúblicas contrárias entre si mantêm-se e arruínam-se por meios contrários. Pelas mesmas razões, os estados aristocráticos e as justas realezas são mantidos pela mediocridade de certos estados, corpos e comunidades bem regulados. E assim como o estado popular recebe e abarca todos os colégios, corpos e comunidades, como dissemos que fez Sólon ao estabelecer o estado popular dos atenienses, assim também o tirano se esforça para aboli-los totalmente, sabendo que a união e amizade dos

---

212 Evágrio liv. 3 cap. 29; Nicéforo Calixto liv. 16 cap. 26.

súditos entre eles é a ruína inevitável dele. O bom rei Numa foi o primeiro a instituir colégios e confrarias de ofícios. Tarquínio o Soberbo foi o primeiro a dissolvê-las e a impedir que os estados do povo se reunissem, e esforçou-se até para suprimir o corpo do senado deixando de indicar novos senadores para o lugar dos que morriam[213]. Porém, tão logo os súditos o expulsaram foram restabelecidos os estados do povo, foi suplantado o número de senadores, foram restituídos os colégios abolidos, que foram sempre mantidos até que o senado, tendo atingido o número de cerca de quinhentos senadores e quase açambarcado a soberania, aboliu a maioria das confrarias[214]. No entanto, o tribuno Cláudio, para manter o povo como contrapeso à nobreza (à qual ele renunciou, fazendo-se adotar por um homem plebeu para ser tribuno), restituiu todos os colégios e confrarias e multiplicou-os[215]. Porém, tão logo César tornou-se ditador ele os aboliu para manter seu poder e rebaixar o do povo[216]. Depois Augusto, tendo assegurado seu estado, restabeleceu-os por édito expresso[217], e o tirano Nero os suprimiu[218].

Os tiranos sempre tiveram ódio dos estados, corpos e comunidades do povo, e o tirano Denis não quis nem mesmo que os parentes se visitassem uns aos outros e permitiu, diz Plutarco, que fossem assaltados quando retornavam à noite da casa de seus amigos. E Nero andava frequentemente à noite pelas ruas, golpeando e ferindo todos aqueles que retornavam de um jantar com seus amigos, tal era o medo que tinha das assembleias, por causa das conjurações que se podem tramar contra a tirania dos Príncipes maus. Em contrapartida, a justa realeza não tem fundamento mais seguro que os estados do povo, corpos e colégios, pois se houver necessidade de recolher dinheiro, reunir forças ou manter o estado contra os inimigos, isso só pode ser feito por meio dos estados do povo e de cada província, cidade e comunidade. Por isso se vê que aqueles que querem abolir os estados dos súditos não têm outro recurso em caso de necessidade senão os estados e comunidades, os quais, unidos, se fortalecem para a proteção e defesa de seus Príncipes. Da mesma forma,

---

213 Dionísio de Halicarnasso liv. 6.

214 Ascônio, *In Cornelianam*; Salustiano, *In orat. Portii Latronis*.

215 Cícero, *In Pisonem*.

216 Suetônio, *César*.

217 Suetônio, *Augusto*.

218 Tácito liv. 14.

nos estados gerais de todos os súditos, quando o Príncipe está presente, onde se comunicam os negócios relativos ao corpo universal da República e aos membros desta, são ouvidas e entendidas as justas queixas e reclamações dos pobres súditos, que de outro modo jamais chegariam aos ouvidos dos Príncipes. Aí são descobertos os furtos, concussões e roubos que se fazem em nome dos Príncipes que de nada sabem. Mas é incrível como os súditos ficam satisfeitos ao ver seu rei presidir os seus estados, como ficam orgulhosos de serem vistos por ele. E se ele ouve suas queixas e recebe seus pedidos, ainda que com muita frequência sejam recusados, eles ficam muito enaltecidos por terem tido acesso ao seu Príncipe, o que se observa mais na Espanha que em qualquer lugar do mundo, onde os estados eram anteriormente reunidos a cada dois ou três anos, e também na Inglaterra, porque o povo de lá não paga a talha se os estados não forem reunidos.

Todavia, houve quem se esforçou por todos os meios para alterar os estados particulares da Bretanha, Normandia, Borgonha, Languedoc, Delfinado e Provença em eleições, dizendo que os estados só se fazem com a multidão do povo. Mas eles merecem a resposta que deu Felipe de Commines àqueles que diziam que era crime de lesa-majestade reunir os estados. Não quero negar que tenha havido abusos e furtos, que foram constatados pelas atas dos estados da Bretanha no ano de 1566. Também sei que as pensões dos estados de Languedoc chegavam a mais de 25 mil francos, sem as custas dos estados, que não custavam menos que isso. Mas não se pode negar que por esse meio o país de Languedoc tenha sido desencarregado sob o rei Henrique de cem mil libras todos os anos, e o país da Normandia de quatrocentas mil, que foram igualadas às dos outros governos que não têm estados. Não obstante, é certo que as eleições custam duas vezes mais ao rei e aos súditos que os estados, e em matéria de impostos quanto mais há oficiais mais há roubalheiras. E nunca as queixas e reclamações dos países governados por eleição são vistas, lidas ou apresentadas, ou seja como for nunca são levadas em consideração porque são particulares. Assim como vários tiros de artilharia um depois do outro não têm efeito tão grande para derrubar um forte quanto se forem disparados todos juntos, assim também os pedidos particulares esvaem-se no mais das vezes em fumaça. Mas quando os colégios, as comunidades, os estados de um país, de um povo, de um reino fazem suas queixas ao rei, é difícil para ele recusá-las.

Embora haja mil outras utilidades dos estados em cada país, a saber, o bem referente à comunidade de todo o país, se se tratar de fazer leva de homens ou de dinheiro contra os inimigos, ou de erguer fortalezas, unir os caminhos, refazer as pontes, limpar o país dos ladrões e oferecer resistência aos maiores, tudo isso se fez melhor até agora pelos estados no país do Languedoc que em qualquer outra província deste reino. Eles ordenaram mil e duzentas libras por ano para a instituição da juventude de todo o país na cidade de Nîmes, além dos outros colégios particulares; eles ergueram as belas fortalezas do reino; eles mandaram executar Buzac, o mais nobre ladrão que já houve de memória nossa, o qual nenhum juiz nem magistrado, nem o próprio Parlamento de Toulouse haviam podido superar, pois ele fazia seus roubos por forma de justiça, e era muito ousado quem o atacasse. Eles também ordenaram mil e duzentas libras de estado para um preboste dos marechais e além disso 25 libras para cada processo que ele instaurasse sobre as execuções feitas por ele.

Fiz questão de citar de passagem essas particularidades para fazer com que se entenda o grande bem que resulta dos estados que são ainda melhor regulados nas Repúblicas dos suíços e do Império da Alemanha que nas outras Repúblicas da Europa. Pois além dos estados de cada cidade e cantão eles têm seus estados gerais; os dez circuitos do Império têm seus estados separados, aos quais prestam contas os estados particulares das cidades imperiais e regiões, e os estados dos circuitos prestam contas aos estados do Império, que esteve por muito tempo arruinado sem essa polícia. Eu disse que a mediocridade[219], que é louvável em todas as coisas, também deve ser mantida nos estados aristocráticos e nas justas realezas no que diz respeito aos corpos e colégios, pois suprimir todos os corpos e comunidades é arruinar um estado e fazer dele uma bárbara tirania. Também é perigoso permitir todas as assembleias e todas as confrarias, pois com muita frequência nelas se tramam conjurações e monopólios. Temos exemplos até em demasia, causa pela qual se aboliram muitas vezes as confrarias por éditos expressos, que todavia nunca puderam ser executados. Vale muito mais a pena arrancar os abusos como as ervas daninhas do que arrancar as boas e más todas juntas.

E para evitar os monopólios é conveniente espalhar os artesãos por diversos lugares das cidades e não juntá-los todos num mesmo bairro como se faz nas cidades da África e em várias cidades da Europa, pois além dos

---

219 [N.T.:] Usada aqui no sentido de "meio-termo".

incômodos que surgem nas grandes cidades por não haver em cada bairro os artesãos que são geralmente necessários haverá certamente monopólios para sobrevalorizar a mercadoria e as obras, ou ciúme e querelas se um vender mais barato que o outro, diante dos olhos daquele que a recusou. Eu disse os artesãos geralmente necessários, pois quanto àqueles que são menos requisitados, como os que trabalham com o martelo, pode-se juntá-los no mesmo bairro para não misturá-los com as pessoas de letras e de repouso.

Ora, assim como não há nada melhor para a força e união dos súditos que os corpos e comunidades, também não há nada mais conveniente para sujeitar os inimigos vencidos que lhes retirar primeiramente os corpos e colégios, como fizeram muito bem os romanos depois de ter vencido os reis da Macedônia[220]. Depois ainda, tendo sujeitado os aqueus, o cônsul Mummius *concilia omnia singularum Achaiae nationum, et Phocensium, ac Bœotorum, aut in alia parte Graeciae delevit*. E depois de tê-los transformado em súditos bons e obedientes, foi dito que *antiqua concilia genti cuique restituta*.

---

220 Lívio liv. 35.